中國佛學院普陀山學院

普陀山佛学丛书

LENG YAN JING TI ZHU

楞严经

题注

释演觉 著

中西書局

图书在版编目(CIP)数据

《楞严经》题注 / 释演觉著. —上海：中西书局，2018(2024.1 重印)

ISBN 978-7-5475-1509-9

Ⅰ.①楞… Ⅱ.①释… Ⅲ.①大乘-佛经②《楞严经》-注释 Ⅳ.①B942.1

中国版本国书馆 CIP 数据核字(2018)第 249606 号

《楞严经》题注

释演觉 著

责任编辑 王 媛
装帧设计 梁业礼

出版发行 上海世纪出版集团
中西書局(www.zxpress.com.cn)
地 址 上海市闵行区号景路 159 弄 B 座(邮政编码：201101)
印 刷 三河市腾飞印务有限公司
开 本 890 毫米×1240 毫米 1/32
印 张 8.625
字 数 201 000
版 次 2018 年 11 月第 1 版 2024 年 1 月第 3 次印刷
书 号 ISBN 978-7-5475-1509-9/B·095
定 价 36.00 元

本书如有质量问题，请与承印厂联系。电话：0316-3153358

《普陀山佛学丛书》编纂委员会

自 序

2015年下学期，经教务处安排，我给中国佛学院普陀山学院男众部和女众部两个本科班开讲《楞严经》，为期两年。"成佛的《法华》，开悟的《楞严》"，《楞严经》在佛教经典中占有极其重要的位置，也是我最推崇、最喜欢研读、最愿意弘扬的经典之一。

但是在给学僧挑选《楞严经》教材的时候，我发现很少有简体、横排版本流通，即使偶尔有一些流通版本，也不是正规出版的书籍，排版和印刷有很多错误不说，最重要的是没有对经文内容进行详细地分科。佛经的传统行文格式，要么一卷到底，要么简单分为"部"或"卷"，并且没有标题和内容提示。虽然部分祖师论疏里会有相对比较详细的分科和标题，比如明代交光真鉴大师的《楞严经正脉疏》，但其分科习惯于用"甲、乙、丙、丁"和"子、丑、寅、卯"等天干地支来标序。对于不熟悉传统文化的现代众生来说，这样的分科和经文格式，很难有一目了然的即视感，很大程度上影响了阅读效果。

除此之外，由于《楞严经》遣词用句的独特性，经文字面意思的销解成为修学者的很大问题。《楞严经》又称《血渍经》，据说是中天竺般刺蜜帝法师努力了三次，最后一次把经文藏在自己手臂皮下才带到了中国。该经被翻译后经唐朝宰相房融精心润文而成，所以字字珠玑，言简意赅，文风典雅而优美，堪称古代美文的典范。

美则美矣，但对于不熟悉、不习惯文言文的现代众生来说，字字珠玑、言简意赅的行文格式却成了理解《楞严经》甚深法义最直接的障碍和门槛。《楞严经》行文很多情况下是以字为单位，而不是以词组为单位，现代语境下的很多词组在经中通常需要分开理解，所以销文这一关过不了，其甚深义理根本无法触及。

正是在这样的时代背景和因缘条件下，基于教学方便的发心，才有了这本书，期望以这样的题注和行文格式对长期接受现代教育的众生有所帮助，有所启发。

初稿完成后，曾作为讲义分发给佛学院的男众部本科班和女众部本科班。通过两年的修学实践，不管是个人体验，还是学僧反馈，都收到了良好效果。大家都希望能够早日正式出版发行，以方便与亲朋道友共同分享，同沾法喜。非常感恩的是，当中国佛学院普陀山学院常务副院长会闲法师得知此事后，大力支持本书的出版事宜，从联系出版社到发行，都给予了无微不至的慈悲关怀。

本书作为佛学院系统的教学成果，对我来说，仅仅是初步尝试，缺点和错误在所难免，需要在今后努力修正、补充和完善。囿于个人能力和实证水平，本书分科和标题部分仅为阅读和理解《楞严经》提供一种最基本的方便，不作定论，不作定解。

愿以此功德，普及于一切，我等与众生，皆共成佛道！南无大慈大悲观世音菩萨！

释演觉

于中国佛学院普陀山学院

前　言

一、《楞严经》及其重要地位

祖师有云，“自从一读《楞严》后，不读人间糟粕书”。《楞严经》，全称《大佛顶如来密因修证了义诸菩萨万行首楞严经》，和《华严经》《法华经》一起被尊为“汉传佛教三大根本经典”。其内容含括禅宗、净土宗、密宗、律宗等宗要义，其义理精深高妙，融通显密、性相，其修法三根普被、利钝全收，可以说是佛教修行的百科全书。破淫驱邪、作为佛教寺院早课的“楞严咒”，指导净土宗修行的“大势至念佛圆通”，千处祈求千处应的“观音菩萨三十二应身”，娑婆众生最易成就的“耳根圆通法门”等，都是出自《楞严经》。更重要的是，《楞严经》是一部降魔宝典，也是佛教正法住世的代表。《法灭尽经》云，末法时期，正法将灭尽时，《楞严经》先灭。天台宗创宗祖师智者大师曾听梵僧说《楞严经》极其殊胜，为祈请此经，曾于天台山华顶专设拜经台拜了十八年也未能如愿。如自序中所说，后经般剌蜜帝剖臂藏于肉中带到汉地，经过种种曲折，于武则天时期经神秀大师努力，此经才流传于世。

二、学习《楞严经》的困难和本书解决方案

一切法无常，事物总是在不断地发展变化，而相应的变化就需要相应的方法来应对，否则，法不住法位，总会带来不必要的麻烦

和困难。作为唐朝时翻译的佛经，《楞严经》的字词特点、语法结构和习惯用法与现代有相当大的差异。依据个人经验和观察，现代人学习佛经的困难可归纳为四个方面：一是繁体字，二是竖排版，三是对经文文字的不易理解，四是段落结构不明朗。

我作为长期接受现代教育的出家僧人，从小学、初中、高中、大学直至工作，阅读和写作从来都是简体、横排模式。多年以后，有因缘需要认真地研读佛法，突然面对繁体、竖排的佛经，一下子变得不知所措。且不说经文的义理是否能看懂，仅仅这繁体、竖排的模式就会让我突然失去多年以来的阅读感觉，影响对佛经的阅读兴趣和理解效果。一直到今天，尽管已经出家多年，尽管已经十分努力地适应和习惯这种模式，也许是先入为主的因素，总还是比较习惯于简体、横排模式，总还是在现代行文模式下对佛经义理会有更为深入的理解。相信很多人也会有诸如此类的感受。基于此，本书采用简体、横排的方法编注（除《楞严咒》外）。

由于古汉语和现代汉语字词、语法等用法差别比较大，面对佛经，第一个最直接、最麻烦的困难就是销文。很多经论在千辛万苦查完佛学辞典后才发现，佛陀只是在告诉我们最直接的道理以及实现方法，比如：要行善法，不要行恶法；要超越二元对立，不要被二元框架蒙昧；要好好实修，于心行现量亲证，不要只满足于理论上的知解；等等。这一点，在学习早期佛教五部尼柯耶时会有明显的体会。基于此，本书将在部分重点段落的标题下面作导读性注释，以最简单、直接的现代语言总结段落要意，提示核心内容，以期起到提纲挈领的作用。

传统经文只分卷，一卷到底，没有段落划分，层次结构不明朗，如果不仔细，或者内容太长的话，根本搞不清前后内容的关系，直接影响学习效果和修法兴趣。尤其是随着众生学历的普遍提高，现代学人大都习惯于论文式的章节结构模式，习惯于目录式的阅读方式。基于此，本书在保留原经文“卷”结构基础上，对全经内容进行详细的章节划分，并逐一拟加标题，明确章节要义，以达到一目了然的效果。

三、《楞严经》层次结构简要说明

全经共十卷，分为四大部分：第一部分“抉择正见：法无自性”、第二部分“审定修法：耳根圆通”、第三部分“修证次第：六十圆位”、第四部分“证道关键：五十魔考”。这四个部分的内容，包括见道、修道、证道，还有解决修道进程中主要问题的助道，代表了《楞严经》的修证体系和基本纲领。从标题大概可以看出每部分的主要内容和之间的相互联系。

第一部分“抉择正见：法无自性”，传统佛经分科属于“见道分”，包括第一卷、第二卷、第三卷和第四卷前半部。以阿难示堕之因缘，从“七处征心”开始，楷定能所二取了不可得。再以“十番显见”楷定虽不可得却不断灭，具足无量无边殊胜功用。最后以四科、七大虽然虚妄，却真性圆融，本如来藏，楷定法界鲜活、能动而无我，割裂不成实的不二实相。意义在于开示了耳根圆通为代表之圆通法门所应依止的根本正见，以“法无自性”总持。

第二部分“审定修法：耳根圆通”，传统佛经分科属于“修道分”，包括第四卷后半部、第五卷、第六卷和第七卷前半部。从菩提心之真因开始，到“一门深入”的修行技巧，到“应于结心次第而解”的修行策略，再到二十五种圆通法门的难易比较和耳根圆通法门的选定，以及持戒、建楞严坛场、持楞严咒、行楞严三七百日等前加行修法，内容涵盖了整个修行实践过程。意义在于从二十五种圆通法门中筛选出耳根圆通法门作为娑婆世界众生最易成就的修行法门。

第三部分“修证次第：六十圆位”，传统佛经分科属于“证道分”，包括第七卷后半部和第八卷前半部。这部分内容开示了《楞严经》所独有的六十圆位修证体系，包括：三种渐次、干慧地初心、十信、十住、十行、十回向、四加行、十地、等觉、妙觉。并于最后强调指出，从凡夫位到佛位，无论修习哪一种圆通法门，整个修证次第中，必须依靠心行瑜伽，也就是奢摩他和毗婆舍那，正如经中原文所说：“是种种地，皆以金刚，观察如幻，十种深喻，奢摩他中用诸如来毗婆舍那，清净修证，渐次深入。”

第四部分“证道关键：五十魔考”，传统佛经分科属于“助道分”，包括第八卷后半部和第九卷、第十卷。这部分内容，主要解决修道进程中其他相关的主要问题，尤其是如何正确认识和处理修道进程中出现的所谓“走火入魔”问题。开示了三界轮回的基本原理和七趣升沉的因缘果报，重点明示了五蕴体系中五十类极具代表性的魔境和基本应对方案。这也是《楞严经》能够代表佛教正法的主要原因。

四、版本、体例和说明

除“楞严咒”的内容引用自 CBETA 电子佛典 2016 版以外，其他原经文内容全部出自 CBETA 电子佛典 2014 版。处理方法为：直接从 CBETA 电子佛典“引用复制”到 WORD 文档，然后再全部转繁体为简体，通读核对并手动修改个别没有转换成功的繁体字、通假字等。

粗略说来，本书体例设计如下：

1. 简体、横排的行文格式；

2. 在保留原经“卷”结构基础上，增加现代“章、节”及更详细的分科，既不失经文原貌，又符合现代众生的理解习惯；

3. 总结提炼核心内容作为章节标题，提纲挈领，帮助快速把握章节要义；

4. 将各级章节标题生成或理论观点目录，一目了然，以目录统领全经，总持纲要；

5. 对部分重点章节，总结提炼其核心内容，题注于相应章节标题下面，起导读和引领作用；

6. 对部分关键而又难以理解的字、词、句，以及对本书一些细节另外添加脚注解释说明；

7. 根据上下文意，依据相关论疏，添加、调整部分标点符号，清除不必要的理解障碍。

说明：

1. 所有标题、题注、脚注的内容均为笔者自行总结、提炼、添加，不属于原经文，起导读和引领作用，仅供修学参考，不作定论。

2. 前后文通读、句读修正、法义楷定等，涉及经文本意的部分，主要参考明代交光大师的《楞严经正脉疏》。字面意思的销文主要参考台湾成观法师的《楞严经义贯》和宣化上人的《楞严经浅释》。其他参考文献，在文后“参考文献”一并列出，不再详述。

目　录

第一部　抉择正见：法无自性
（第一卷）

(第二卷)

(第三卷)

（第五卷）

（第六卷）

（第七卷）

第三部　修证次第：六十圆位

（第八卷）

第四部　证道关键：五十魔考

(第九卷)

（第十卷）

第一部
（第一卷）[①]

抉择正见：法无自性

① 《楞严经》共十卷，每卷内容和划分依然依照传统，但为避免与本书章节混淆，特加小括号“（）”以示区别，下同。

【经序分——序言】①

第一章　本经缘起：阿难示堕

如是我闻：

一时，佛在室罗筏城祇桓精舍，与大比丘众千二百五十人俱，皆是无漏大阿罗汉。佛子住持，善超诸有，能于国土，成就威仪，从佛转轮，妙堪遗嘱，严净毗尼，弘范三界，应身无量，度脱众生，拔济未来，越诸尘累。其名曰：大智舍利弗、摩诃目犍连、摩诃拘絺罗、富楼那弥多罗尼子、须菩提、优波尼沙陀等，而为上首。复有无量辟支无学并其初心，同来佛所。属诸比丘，休夏自恣。十方菩萨咨决心疑，钦奉慈严，将求密义。即时如来，敷座宴安，为诸会中，宣示深奥，法筵清众，得未曾有，迦陵仙音，遍十方界，恒沙菩萨，来聚道场，文殊师利而为上首。

时，波斯匿王为其父王讳日营斋，请佛宫掖，自迎如来，广设珍馐无上妙味，兼复亲延，诸大菩萨；城中复有长者居士，同时饭僧，伫佛来应。佛敕文殊，分领菩萨及阿罗汉，应诸斋主；唯有阿难先受别请，远游未还，不遑僧次，既无上座及阿阇黎，途中独归，其日无供。即时，阿难执持应器，于所游城，次第循乞，心中初求最后檀

① 佛经的传统分科通常分为经序、经宗和流通，为帮助理解，本书仍然保留此三分法，但为避免与其他章节混淆，特加方头括号“【】”以示区别，下同。

越以为斋主，无问净秽、刹利尊姓及旃陀罗，方行等慈，不择微贱，发意圆成一切众生无量功德。阿难已知如来世尊诃须菩提及大迦叶，为阿罗汉，心不均平，钦仰如来开阐无遮，度诸疑谤。经彼城隍，徐步郭门，严整威仪，肃恭斋法。

尔时，阿难因乞食次，经历淫室，遭大幻术，摩登伽女以娑毗迦罗先梵天咒，摄入淫席，淫躬抚摩，将毁戒体。如来知彼淫术所加，斋毕旋归；王及大臣长者居士，俱来随佛，愿闻法要。于时，世尊顶放百宝无畏光明，光中出生千叶宝莲，有佛化身结跏趺坐，宣说神咒，敕文殊师利将咒往护，恶咒销灭，提将阿难及摩登伽，归来佛所。

【经宗分——正文】

第二章　破斥所藏处：七番破心处所[①]

［注］

1. 能、所二边，是无明根本，也是二元凡夫世界的两大根本支柱。

2. 此章和下章主要是破斥“常见”，此章是从“所边”破斥常见，下章是从“能边”破斥常见。常见破斥后，再接下来的章节就是破斥“断见”。

3. 基本思路是：若妄心之藏所不成立，则能藏之妄心也不成立。

阿难见佛，顶礼悲泣，恨无始来一向多闻，未全道力，殷勤启请十方如来得成菩提妙奢摩他、三摩禅那最初方便。于时，复有恒沙菩萨及诸十方大阿罗汉、辟支佛等，俱愿乐闻，退坐默然，承受圣旨。

佛告阿难：“汝我同气，情均天伦，当初发心，于我法中，见何胜相，顿舍世间深重恩爱？”

阿难白佛：“我见如来三十二相，胜妙殊绝，形体映彻，犹如琉璃。常自思惟：‘此相非是欲爱所生。何以故？欲气粗浊，腥臊交

① 这章传统上叫“七处征心”，大意是“觅心之处所了不可得，故觅心了不得”。

遗，脓血杂乱，不能发生胜净妙明紫金光聚。’是以渴仰，从佛剃落。”

佛言：“善哉，阿难！汝等当知，一切众生从无始来生死相续，皆由不知常住真心、性净明体，用诸妄想，此想不真，故有轮转。汝今欲研无上菩提，真发明性，应当直心，酬我所问。十方如来，同一道故，出离生死，皆以直心。心言直故，如是乃至，终始地位，中间永无诸委曲相。阿难！我今问汝，当汝发心缘于如来三十二相，将何所见？谁为爱乐？”

阿难白佛言：“世尊！如是爱乐，用我心目。由目观见，如来胜相，心生爱乐，故我发心，愿舍生死。”

佛告阿难：“如汝所说，真所爱乐，因于心目，若不识知，心目所在，则不能得降伏尘劳。譬如国王为贼所侵，发兵讨除，是兵要当知贼所在。使汝流转，心目为咎。吾今问汝，唯心与目，今何所在？”

第一节　破心在“身内”

阿难白佛言：“世尊！一切世间，十种异生，同将识心，居在身内；纵观如来青莲花眼亦在佛面，我今观此浮根四尘只在我面，如是识心实居身内。”

佛告阿难：“汝今现坐如来讲堂，观祇陀林今何所在？”

“世尊！此大重阁清净讲堂在给孤园，今祇陀林实在堂外。”

“阿难！汝今堂中先何所见？”

“世尊！我在堂中，先见如来，次观大众，如是外望，方瞩林园。”

“阿难！汝瞩林园，因何有见？”

“世尊！此大讲堂，户牖开豁，故我在堂，得远瞻见。”

尔时，世尊在大众中，舒金色臂摩阿难顶，告示阿难及诸大众：“有三摩提，名大佛顶首楞严王，具足万行，十方如来一门超出妙庄严路。汝今谛听!”阿难顶礼,伏受慈旨。

佛告阿难:“如汝所言,身在讲堂,户牖开豁,远瞩林园,亦有众生,在此堂中,不见如来,见堂外者?”

阿难答言:“世尊!在堂不见如来,能见林泉,无有是处。”

“阿难!汝亦如是!汝之心灵一切明了。若汝现前所明了心,实在身内,尔时先合了知内身;颇有众生先见身中,后观外物?纵不能见心、肝、脾、胃,爪生、发长、筋转、脉摇,诚合明了?如何不知?必不内知,云何知外?

“是故应知汝言:‘觉了能知之心住在身内。’无有是处。”

第二节 破心在“身外”

阿难稽首而白佛言:“我闻如来如是法音,悟知我心实居身外。所以者何?譬如灯光然于室中,是灯必能先照室内,从其室门后及庭际,一切众生不见身中,独见身外,亦如灯光居在室外,不能照室。是义必明,将无所惑,同佛了义,得无妄耶?”

佛告阿难:“是诸比丘,适来从我室罗筏城,循乞抟食,归祇陀林,我已宿斋,汝观比丘一人食时,诸人饱不?”

阿难答言:“不也。世尊!何以故?是诸比丘虽阿罗汉,躯命不同,云何一人能令众饱?”

佛告阿难:“若汝觉了知见之心实在身外,身心相外自不相干,则心所知,身不能觉,觉在身际,心不能知。我今示汝兜罗绵手,汝眼见时心分别不?”

阿难答言:“如是,世尊!”

佛告阿难:“若相知者,云何在外?是故应知汝言:‘觉了能知之心住在身外。’无有是处。”

第三节　破心潜伏“眼根内侧”

阿难白佛言：“世尊！如佛所言，不见内故不居身内；身心相知不相离故，不在身外。我今思惟，知在一处。”

佛言：“处今何在？”

阿难言：“此了知心，既不知内而能见外，如我思忖潜伏根里，犹如有人，取琉璃碗合其两眼，虽有物合而不留碍，彼根随见随即分别，然我觉了能知之心，不见内者，为在根故，分明瞩外无障碍者，潜根内故。”

佛告阿难：“如汝所言，潜根内者犹如琉璃。彼人当以琉璃笼眼，当见山河，见琉璃不？”

“如是，世尊！是人当以琉璃笼眼，实见琉璃。”

佛告阿难：“汝心若同琉璃合者，当见山河，何不见眼？若见眼者，眼即同境，不得成随；若不能见，云何说言，此了知心，潜在根内如琉璃合？

“是故应知汝言：‘觉了能知之心潜伏根里，如琉璃合。’无有是处。”

第四节　破心在“开明合暗处”

[注]

意思是在“睁开眼可以见外，闭眼时可以见内”的地方，但阿难说不出具体所指。

阿难白佛言：“世尊！我今又作如是思惟：‘是众生身，腑藏在中，窍穴居外，有藏则暗，有窍则明。’今我对佛，开眼见明名为见外，闭眼见暗名为见内，是义云何？”

佛告阿难：“汝当闭眼见暗之时，此暗境界为与眼对？为不对眼？若与眼对，暗在眼前云何成内？若成内者，居暗室中无日月灯，此室暗中皆汝焦府？若不对者，云何成见？若离外见内对所成，合眼见暗名为身中，开眼见明何不见面？若不见面，内对不成。见面若成，此了知心及与眼根乃在虚空，何成在内？若在虚空，自非汝体。即应如来今见汝面，亦是汝身。汝眼已知，身合非觉，必汝执言，身眼两觉，应有二知，即汝一身应成两佛。

是故应知汝言：‘见暗名见内者。’无有是处。”

第五节　破心在“与法和合处”

阿难言：“我常闻佛开示四众：‘由心生故，种种法生；由法生故，种种心生。’我今思惟，即思惟体实我心性，随所合处心则随有，亦非内、外、中间三处。”

佛告阿难：“汝今说言‘由法生故种种心生，随所合处心随有’者，是心无体则无所合。若无有体而能合者，则十九界因七尘合。是义不然！若有体者，如汝以手自挃其体，汝所知心为复内出？为从外入？若复内出，还见身中；若从外来，先合见面。”

阿难言：“见是其眼，心知非眼，为见非义。”

佛言：“若眼能见，汝在室中，门能见不？则诸已死尚有眼存，应皆见物。若见物者，云何名死？阿难！又汝觉了能知之心若必有体，为复一体？为有多体？今在汝身，为复遍体？为不遍体？若一体者，则汝以手挃一肢时，四肢应觉；若咸觉者，挃应无在；若挃有所，则汝一体自不能成；若多体者，则成多人。何体为汝？若遍体者，同前所挃；若不遍者，当汝触头，亦触其足，头有所觉，足应无知。今汝不然。

“是故应知，随所合处心则随有，无有是处。”

第六节　破心在“内和外中间”

阿难白佛言：“世尊！我亦闻佛与文殊等诸法王子谈实相时，世尊亦言：‘心不在内，亦不在外。’如我思惟，内无所见，外又[①]相知，内无知故在内不成；身心相知在外非义。今相知故，复内无见，当在中间。”

佛言：“汝言中间，中必不迷，非无所在。今汝推中，中何为在？为复在外[②]？为当在身？若在身者，在边非中，在中同内。若在处者，为有所表？为无所表？无表同无，表则无定。何以故？如人以表，表为中时，东看则西，南观成北。表体既混，心应杂乱。”

阿难言：“我所说中，非此二种。如世尊言：‘眼色为缘，生于眼识。’眼有分别，色尘无知，识生其中，则为心在。”

佛言：“汝心若在根、尘之中，此之心体为复兼二？为不兼二？若兼二者，物、体杂乱，物非体知，成敌两立，云何为中？兼二不成，非知不知即无体性，中何为相？

“是故应知，当在中间，无有是处。”

第七节　破心在“一切无著处”

阿难白佛言：“世尊！我昔见佛与大目连、须菩提、富楼那、舍

---

① 原经文是“不”字，根据前后文意，应该为“又”字，估计为雕刻错误。
② 原经文是“处”字，根据前后文意，应该为“外”字，估计为雕刻错误。

利弗四大弟子共转法轮，常言：‘觉知分别心性，既不在内，亦不在外，不在中间，俱无所在。一切无著，名之为心。’则我无著，名为心不？”

佛告阿难：“汝言觉知分别心性俱无在者，世间虚空，水陆飞行诸所物象，名为一切。汝不著者，为在？为无？无则同于龟毛兔角，云何不著？有不著者不可名无，无相则无，非无则相，相有则在，云何无著？

“是故应知，一切无著，名觉知心，无有是处。”

第三章　破斥能藏心：能推寻之妄心非真

[注]

上章是从“所边”破斥常见，此章是从“能边”破斥常见。

第一节　真妄二种根本

[注]

1. 无始生死根本：以攀缘心为自性。

2. 无始元净明体：本具之真如佛性。

尔时，阿难在大众中，即从座起，偏袒右肩，右膝着地，合掌恭敬而白佛言：“我是如来最小之弟，蒙佛慈爱，虽今出家，犹恃憍怜，所以多闻，未得无漏，不能折伏娑毗罗咒，为彼所转，溺于淫舍，当由不知真际所诣。惟愿世尊，大慈哀愍，开示我等，奢摩他路，令诸阐提，隳[①]弥戾车。”作是语已，五体投地。及诸大众，倾渴翘伫，钦闻示诲。

① 隳：huī，毁坏。

尔时，世尊从其面门放种种光，其光晃耀，如百千日，普佛世界，六种震动，如是十方微尘国土一时开现；佛之威神令诸世界合成一界，其世界中所有一切诸大菩萨，皆住本国，合掌承听。

佛告阿难："一切众生从无始来种种颠倒，业种自然，如恶叉聚。诸修行人不能得成无上菩提，乃至别成声闻、缘觉，及成外道、诸天、魔王及魔眷属，皆由不知二种根本，错乱修习，犹如煮沙，欲成嘉馔，纵经尘劫，终不能得。

"云何二种？阿难！一者，无始生死根本，则汝今者与诸众生，用攀缘心为自性者；二者，无始菩提涅槃，元清净体，则汝今者，识精元明，能生诸缘，缘所遗者。由诸众生，遗此本明，虽终日行，而不自觉，枉入诸趣。

第二节　能推寻之妄心非真

"阿难！汝今欲知奢摩他路，愿出生死，今复问汝。"

即时，如来举金色臂，屈五轮指，语阿难言："汝今见不？"

阿难言："见。"

佛言："汝何所见？"

阿难言："我见如来，举臂屈指，为光明拳，曜我心目。"

佛言："汝将谁见？"

阿难言："我与大众，同将眼见。"

佛告阿难："汝今答我。如来屈指为光明拳，耀汝心目，汝目可见。以何为心，当我拳耀？"

阿难言："如来现今，征心所在，而我以心，推穷寻逐，即能推者，我将为心。"

佛言："咄！阿难！此非汝心。"

阿难矍然避座合掌，起立白佛："此非我心，当名何等?"

佛告阿难："此是前尘，虚妄相想，惑汝真性。由汝无始，至于今生，认贼为子，失汝元常，故受轮转。"

阿难白佛言："世尊！我佛宠弟，心爱佛故，令我出家，我心何独供养如来，乃至遍历恒沙国土，承事诸佛及善知识，发大勇猛，行诸一切，难行法事，皆用此心；纵令谤法，永退善根，亦因此心。若此发明，不是心者，我乃无心，同诸土木，离此觉知，更无所有。云何如来，说此非心？我实惊怖，兼此大众，无不疑惑，唯垂大悲，开示未悟!"

尔时，世尊开示阿难及诸大众，欲令心入无生法忍，于师子座摩阿难顶，而告之言："如来常说，诸法所生，唯心所现，一切因果，世界微尘，因心成体。阿难！若诸世界，一切所有，其中乃至，草叶缕结，诘其根元，咸有体性，纵令虚空，亦有名貌，何况清净，妙净明心，性一切心而自无体？若汝执吝，分别觉观所了知性，必为心者，此心即应，离诸一切色、香、味、触，诸尘事业，别有全性。如汝今者，承听我法，此则因声，而有分别。纵灭一切见闻觉知，内守幽闲，犹为法尘分别影事。我非敕汝，执为非心。但汝于心，微细揣摩：若离前尘，有'分别性'即真汝心，若分别性，离尘无体，斯则前尘分别影事。尘非常住，若变灭时，此心则同，龟毛兔角，则汝法身，同于断灭，其谁修证无生法忍?"即时阿难与诸大众，默然自失。

佛告阿难："世间一切，诸修学人，现前虽成，九次第定，不得漏尽，成阿罗汉，皆由执此，生死妄想，误为真实。是故汝今，虽得多闻，不成圣果。"

第四章　十番以见显心：开显真心妙用[1]

［注］

前二章破斥常见后，为防止生断见，于此章开显真心妙用。

第一节　常明[2]：明暗皆见，见性无亏

［注］

1. 此为第一番以见显心。

2. 无论明相、暗相，皆为见性所显。

阿难闻已，重复悲泪，五体投地，长跪合掌，而白佛言："自我从佛，发心出家，恃佛威神，常自思惟，无劳我修，将谓如来，惠我三昧，不知身心，本不相代，失我本心，虽身出家，心不入道，譬如穷子，舍父逃逝，今日乃知，虽有多闻，若不修行，与不闻等，如人说食，终不能饱。世尊！我等今者，二障所缠，良由不知，寂常心性。

① 这章传统上叫"十番显见"。

② 基于此"十番以见显心"主要目的是遮遣断见，所以在提炼时用了十个以"常"字开头的词，如"常明""常寂"等，下同。

唯愿如来，哀愍穷露，发妙明心，开我道眼。”

即时如来，从胸卍字，涌出宝光，其光晃昱，有百千色，十方微尘普佛世界，一时周遍，遍灌十方，所有宝刹诸如来顶，旋至阿难，及诸大众。告阿难言：“吾今为汝，建大法幢，亦令十方，一切众生，获妙微密性净明心，得清净眼。阿难！汝先答我，见光明拳，此拳光明，因何所有？云何成拳？汝将谁见？”

阿难言：“由佛全体，阎浮檀金，赩如宝山，清净所生，故有光明，我实眼观，五轮指端，屈握示人，故有拳相。”

佛告阿难：“如来今日，实言告汝，诸有智者，要以譬喻，而得开悟。阿难！譬如我拳，若无我手，不成我拳；若无汝眼，不成汝见。以汝眼根，例我拳理，其义均不？”

阿难言：“唯然，世尊！既无我眼，不成我见，以我眼根，例如来拳，事义相类。”

佛告阿难：“汝言相类，是义不然。何以故？如无手人，拳毕竟灭；彼无眼者，非见全无。所以者何？汝试于途，询问盲人：‘汝何所见？’彼诸盲人，必来答汝：‘我今眼前，唯见黑暗，更无他瞩。’以是义观，前尘自暗，见何亏损？”

阿难言：“诸盲眼前，唯睹黑暗，云何成见？”

佛告阿难：“诸盲无眼，唯观黑暗，与有眼人，处于暗室，二黑有别？为无有别？”

“如是，世尊！此暗中人，与彼群盲，二黑校量，曾无有异。”

“阿难！若无眼人，全见前黑，忽得眼光，还于前尘，见种种色，名眼见者；彼暗中人，全见前黑，忽获灯光，亦于前尘，见种种色，应名灯见。若灯见者，灯能有见，自不名灯，又则灯观，何关汝事？是故当知，灯能显色。如是见者，是眼非灯，眼能显色，如是见性，是心非眼。”

第二节 常寂：动静皆尘，见性不动

[注]

1. 此为第二番以见显心。

2. 无论动相、静相，皆为见性所显。

3. 若动若静，见性不动，常显常寂。

阿难虽复，得闻是言，与诸大众，口已默然，心未开悟，犹冀如来，慈音宣示，合掌清心，伫佛悲诲。

尔时，世尊舒兜罗绵，网相光手，开五轮指，诲敕阿难及诸大众："我初成道，于鹿园中，为阿若多五比丘等及汝四众言：'一切众生，不成菩提，及阿罗汉，皆由客尘，烦恼所误。'汝等当时，因何开悟，今成圣果？"

时，憍陈那起立白佛："我今长老，于大众中，独得解名，因悟客尘，二字成果。世尊！譬如行客，投寄旅亭，或宿或食，食宿事毕，俶装前途，不遑安住；若实主人，自无攸往。如是思惟，不住名客，住名主人，以不住者，名为客义。又如新霁，清旸升天，光入隙中，发明空中，诸有尘相，尘质摇动，虚空寂然。如是思惟，澄寂名空，摇动名尘，以摇动者，名为尘义。"

佛言："如是。"

即时，如来于大众中屈五轮指，屈已复开，开已又屈，谓阿难言："汝今何见？"

阿难言："我见如来，百宝轮掌，众中开合。"

佛告阿难："汝见我手，众中开合，为是我手，有开有合？为复汝见，有开有合？"

阿难言："世尊！宝手众中开合，我见如来手自开合，非我见性自开自合。"

佛言："谁动谁静？"

阿难言："佛手不住，而我见性尚无有静，谁为无住。"

佛言："如是。"

如来于是从轮掌中，飞一宝光，在阿难右，即时阿难，回首右盼，又放一光，在阿难左，阿难又则，回首左盼。佛告阿难："汝头今日，何因摇动？"

阿难言："我见如来，出妙宝光，来我左右，故左右观，头自摇动。"

"阿难！汝盼佛光，左右动头，为汝头动？为复见动？"

"世尊！我头自动，而我见性，尚无有止，谁为摇动。"

佛言："如是。"

于是如来，普告大众："若复众生，以摇动者，名之为尘，以不住者，名之为客，汝观阿难，头自动摇，见无所动，又汝观我，手自开合，见无舒卷，云何汝今以动为身？以动为境？从始及终，念念生灭，遗失真性，颠倒行事，性心失真，认物为己，轮回是中，自取流转！"

（第二卷）

第三节　常常：生灭是迁，见性无迁

［注］

1. 此为第三番以见显心。

2. 有生有灭是为迁移，见性真常，非生灭法。

尔时，阿难及诸大众，闻佛示诲，身心泰然，念无始来失却本心，妄认缘尘分别影事，今日开悟，如失乳儿忽遇慈母，合掌礼佛，愿闻如来显出身心真妄、虚实、现前生灭与不生灭二发明性。

波斯匿王起立白佛："我昔未承诸佛诲敕，见迦旃延、毗罗胝子，咸言：'此身死后断灭，名为涅槃。'我虽值佛，今犹狐疑，云何发挥证知此心不生灭地？令此大众诸有漏者咸皆愿闻。"

佛告大王："汝身现存，今复问汝，汝此肉身为同金刚常住不朽？为复变坏？"

"世尊！我今此身终从变灭。"

佛言："大王！汝未曾灭，云何知灭？"

"世尊！我此无常变坏之身，虽未曾灭，我观现前，念念迁谢，新新不住，如火成灰，渐渐销殒，殒亡不息，决知此身，当从灭尽。"

佛言："如是，大王！汝今生龄，已从衰老，颜貌何如童子之时？"

"世尊！我昔孩孺，肤腠润泽，年至长成，血气充满，而今颓龄，迫于衰耄，形色枯悴，精神昏昧，发白面皱，逮将不久，如何见比充盛之时。"

佛言："大王！汝之形容应不顿朽。"

王言："世尊！变化密移，我诚不觉，寒暑迁流，渐至于此。何以故？我年二十虽号年少，颜貌已老初十年时；三十之年又衰二十；于今六十又过于二；观五十时宛然强壮。世尊！我见密移，虽此殂落，其间流易且限十年，若复令我微细思惟，其变宁唯一纪二纪，实为年变；岂唯年变，亦兼月化；何直月化，兼又日迁；沉思谛观刹那刹那，念念之间不得停住，故知我身终从变灭。”

佛言："大王！汝见变化，迁改不停，悟知汝灭；亦于灭时，知汝身中，有不灭耶？”

波斯匿王合掌白佛："我实不知！"

佛言："我今示汝，不生灭性。大王！汝年几时，见恒河水？”

王言："我生三岁，慈母携我，谒耆婆天，经过此流。尔时即知，是恒河水。”

佛言："大王！如汝所说，二十之时，衰于十岁，乃至六十，日月岁时，念念迁变，则汝三岁见此河时，至年十三，其水云何？”

王言："如三岁时，宛然无异，乃至于今，年六十二，亦无有异。”

佛言："汝今自伤，发白面皱，其面必定皱于童年，则汝今时观此恒河，与昔童时观河之见，有童耄不？”

王言："不也，世尊！"

佛言："大王！汝面虽皱，而此见精，性未曾皱，皱者为变、不皱非变，变者受灭，彼不变者，元无生灭，云何于中，受汝生死，而犹引彼末伽梨等，都言此身，死后全灭？”

王闻是言，信知身后，舍生趣生，与诸大众，踊跃欢喜，得未曾有。

第四节　常满：颠倒失真，见性无失

［注］

1. 此为第四番以见显心。

2. 有正有倒是二元法，见性无倒，圆满无失。

阿难即从座起礼佛，合掌长跪白佛言："世尊！若此见闻，必不生灭，云何世尊，名我等辈，遗失真性，颠倒行事？愿兴慈悲，洗我尘垢。"

即时，如来垂金色臂，轮手下指示阿难言："汝今见我母陀罗手，为正？为倒？"

阿难言："世间众生以此为倒，而我不知谁正谁倒。"

佛告阿难："若世间人以此为倒，即世间人将何为正？"

阿难言："如来竖臂，兜罗绵手上指于空，则名为正。"

佛即竖臂，告阿难言："若此颠倒，首尾相换，诸世间人，一倍瞻视，则知汝身，与诸如来，清净法身，比类发明。如来之身，名正遍知，汝等之身，号性颠倒。随汝谛观，汝身佛身，称颠倒者，名字何处号为颠倒？"

于时，阿难与诸大众，瞪瞢瞻佛，目精不瞬，不知身心颠倒所在。佛兴慈悲，哀愍阿难及诸大众，发海潮音遍告同会："诸善男子！我常说言：'色、心、诸缘，及心所使，诸所缘法，唯心所现。'汝身汝心，皆是妙明真精，妙心中所现物，云何汝等遗失本妙，圆妙明心，宝明妙性，认悟中迷，晦昧为空，空晦暗中，结暗为色，色杂妄想，想相为身，聚缘内摇，趣外奔逸，昏扰扰相，以为心性。一迷为心，决定惑为色身之内，不知色身，外泊山河，虚空大地，咸是妙明，真心中物。譬如澄清百千大海，弃之，唯认一浮沤体目为全潮，穷尽瀛渤。汝等即是迷中倍人，如我垂手，等无差别，如来说为，可怜愍者。"

第五节　常我：八因自还，见性无还

[注]

1. 此为第五番以见显心。

2. 有来有还是客尘法，见性真我，非还不还。

阿难承佛，悲救深诲，垂泣叉手，而白佛言："我虽承佛如是妙音，悟妙明心，元所圆满，常住心地；而我悟佛，现说法音，现以缘心，允所瞻仰，徒获此心，未敢认为，本元心地。愿佛哀愍，宣示圆音，拔我疑根，归无上道。"

佛告阿难："汝等尚以缘心听法，此法亦缘，非得法性。如人以手，指月示人，彼人因指，当应看月；若复观指，以为月体，此人岂唯亡失月轮，亦亡其指。何以故？以所标指为明月故。岂唯亡指，亦复不识明之与暗。何以故？即以指体，为月明性，明暗二性，无所了故。汝亦如是，若以分别，我说法音为汝心者，此心自应，离分别音有分别性。譬如有客，寄宿旅亭，暂止便去，终不常住，而掌亭人，都无所去，名为亭主；此亦如是，若真汝心，则无所去。云何离声，无分别性？斯则岂唯声分别心，分别我容，离诸色相无分别性？如是乃至，分别都无，非色非空。拘舍离等，昧为冥谛，离诸法缘无分别性，则汝心性，各有所还，云何为主？"

阿难言："若我心性，各有所还，则如来说，妙明元心，云何无还？惟垂哀愍，为我宣说。"

佛告阿难："且汝见我，见精明元，此见虽非妙精明心，如第二月，非是月影，汝应谛听，今当示汝，无所还地。阿难！此大讲堂，洞开东方，日轮升天，则有明耀，中夜黑月，云雾晦暝，则复昏暗，户牖之隙则复见通，墙宇之间则复观壅，分别之处则复见缘，顽虚之中遍是空性，郁埻之象则纡昏尘，澄霁敛氛又观清净。阿难！汝咸看此诸变化相，吾今各还本所因处。云何本因？阿难！此诸变化，明还日轮。何以故？无日不明，明因属日，是故还日；暗还黑月；通还户牖；壅还墙宇；缘还分别；顽虚还空；郁埻还尘；清明还霁。则诸世间一切所有，不出斯类。汝见八种，见精明性，当欲谁还？何以故？若还于明，则不明时，无复见暗，虽明暗等，种种差别，见无差别；诸可还者，自然非汝，不汝还者，非汝而谁？则知汝心，本妙明净。汝自迷闷，丧本受轮，于生死中，常被漂溺，是故如来，名可怜愍。”

第六节　常遍：物类自别，见性无别

［注］

1. 此为第六番以见显心。

2. 见与不见，物类自别，见性无别，十方周遍。

阿难言："我虽识此见性无还，云何得知，是我真性？"

佛告阿难："吾今问汝，今汝未得无漏清净，承佛神力见于初禅，得无障碍；而阿那律见阎浮提，如观掌中庵摩罗果；诸菩萨等，见百千界；十方如来，穷尽微尘清净国土，无所不瞩。众生洞视，不过分寸。阿难！且吾与汝，观四天王所住宫殿，中间遍览水陆空行，虽有昏明种种形像，无非前尘分别留碍，汝应于此，分别自他。今吾将汝，择于见中，谁是我体？谁为物象？阿难！极汝见源，从日月宫，是物非汝；至七金山，周遍谛观，虽种种光，亦物非汝；渐渐更观，云腾、鸟飞、风动尘起、树木山川、草芥人畜，咸物非汝。阿难！是诸近远，诸有物性，虽复差殊，同汝见精，清净所瞩，则诸物类，自有差别，见性无殊，此精妙明，诚汝见性。若见是物，则汝亦可，见吾之见？若同见者，名为见吾；吾不见时，何不见吾不见之处？若见不见，自然非彼，不见之相；若不见吾不见之地，自然非物，云何非汝？又则，汝今见物之时，汝既见物，物亦见汝，体性纷杂，则汝与我，并诸世间，不成安立。阿难！若汝见时，是汝非我，见性周遍，非汝而谁？云何自疑，汝之真性，性汝不真，取我求实。”

第七节 常圆：尘相舒缩，见性不缩

［注］

1. 此为第七番以见显心。

2. 大小舒缩，皆属前尘，见性圆明，非舒缩法。

阿难白佛言：“世尊！若此见性，必我非余，我与如来，观四天王胜藏宝殿居日月宫，此见周圆，遍娑婆国；退归精舍，只见伽蓝，清心户堂，但瞻檐庑。世尊！此见如是，其体本来，周遍一界，今在室中，唯满一室，为复此见，缩大为小？为当墙宇，夹令断绝？我今不知，斯义所在，愿垂弘慈，为我敷演。”

佛告阿难：“一切世间，大小内外，诸所事业，各属前尘，不应说言，见有舒缩。譬如方器，中见方空，吾复问汝，此方器中，所见方空，为复定方？为不定方？若定方者，别安圆器，空应不圆；若不定者，在方器中，应无方空。汝言不知斯义所在，义性如是，云何为在？阿难！若复欲令入无方圆，但除器方，空体无方，不应说言，更除虚空方相所在。若如汝问，入室之时，缩见令小，仰观日时，汝岂挽见齐于日面？若筑墙宇，能夹见断？穿为小窦，宁无续迹？是义不然。一切众生从无始来迷己为物，失于本心，为物所转，故于是中，观大观小；若能转物，则同如来，身心圆明，不动道场，于一毛端，遍能含受，十方国土。”

第八节　常净：指陈皆物，见性非物

［注］

1. 此为第八番以见显心。

2. 纵目所观皆是物象，见性非物。

阿难白佛言："世尊！若此见精，必我妙性，今此妙性，现在我前，见必我真，我今身心，复是何物？而今身心，分别有实，彼见无别，分辨我身，若实我心，令我今见，见性实我，而身非我，何殊如来，先所难言：'物能见我？'惟垂大慈，开发未悟。"

佛告阿难："今汝所言：'见在汝前'是义非实。若实汝前，汝实见者，则此见精，既有方所，非无指示。且今与汝，坐祇陀林，遍观林渠，及与殿堂，上至日月，前对恒河，汝今于我，师子座前，举手指陈，是种种相，阴者是林，明者是日，碍者是壁，通者是空，如是乃至，草树纤毫，大小虽殊，但可有形，无不指着。若必有见，现在汝前，汝应以手，确实指陈，何者是见。阿难！当知若空是见，既已成见，何者是空？若物是见，既已是见，何者为物？汝可微细，披剥万象，析出精明，净妙见元，指陈示我，同彼诸物，分明无惑。"

阿难言："我今于此，重阁讲堂，远洎恒河，上观日月，举手所指，纵目所观，指皆是物，无是见者。世尊！如佛所说，况我有漏，初学声闻，乃至菩萨，亦不能于万物象前，剖出精见，离一切物，别有自性。"

佛言："如是，如是！"

第九节　常如：物相非见，见不离物

[注]

1. 此为第九番以见显心。

2. 虽然物非见性，但见性亦不离物而别有自性。

佛复告阿难："如汝所言，无有精见，离一切物，别有自性，则汝所指，是物之中，无是见者。今复告汝！汝与如来，坐祇陀林，更观林苑，乃至日月，种种象殊，必无见精，受汝所指；汝又发明，此诸物中，何者非见？"

阿难言："我实遍见，此祇陀林，不知是中，何者非见？何以故？若树非见，云何见树？若树即见，复云何树？如是乃至，若空非见，云何为空？若空即见，复云何空？我又思惟，是万象中，微细发明，无非见者。"

佛言："如是，如是！"

第十节　常乐：是非二元，见性不二

[注]

1. 此为第十番以见显心。

2. 是非、色空、因缘、自然，都是二元法，见性不二，妙明大乐。

于是大众，非无学者，闻佛此言，茫然不知，是义终始，一时惶悚，失其所守。如来知其，魂虑变慑，心生怜愍，安慰阿难及诸大众："诸善男子！无上法王，是真实语，如所如说，不诳不妄，非末伽梨，四种不死矫乱论议，汝谛思惟，无忝哀慕。”

一、真心离相，无是非是

是时，文殊师利法王子愍诸四众，在大众中即从座起，顶礼佛足合掌恭敬而白佛言：“世尊！此诸大众，不悟如来发明二种精见，色、空，‘是’‘非是’义。世尊！若此前缘色、空等象，若是见者，应有所指；若非见者应无所瞩。而今不知是义所归，故有惊怖，非是畴昔善根轻尠，唯愿如来，大慈发明，此诸物象与此见精，元是何物？于其中间，无是非是。”

佛告文殊及诸大众：“十方如来及大菩萨，于其自住三摩地中，见与见缘，并所想相，如虚空花，本无所有。此见及缘，元是菩提，妙净明体，云何于中，有是非是？文殊！吾今问汝，如汝文殊，更有文殊是文殊者？为无文殊？”

“如是，世尊！我真文殊，无是文殊。何以故？若有是者，则二文殊。然我今日，非无文殊，于中实无，是非二相。”

佛言：“此见妙明，与诸空尘，亦复如是，本是妙明，无上菩提，净圆真心，妄为色空及与闻见。如第二月，谁为是月？又谁非月？文殊！但一月真，中间自无是月非月。是以汝今观见与尘，种种发明，名为妄想，不能于中，出是非是，由是精真，妙觉明性，故能令汝，出指非指。”

二、真心非自然

阿难白佛言：“世尊！诚如法王所说，觉缘遍十方界，湛然常住，性非生灭，与先梵志娑毗迦罗所谈“冥谛”，及投灰等诸外道种说“有真我遍满十方”，有何差别？世尊亦曾于楞伽山，为大慧等敷演斯义“彼外道等常说自然，我说因缘，非彼境界”。我今观此，觉性自然，非生非灭，远离一切虚妄颠倒，似非因缘。与彼自然，云何开示，不入群邪，获真实心，妙觉明性？”

佛告阿难：“我今如是，开示方便，真实告汝，汝犹未悟，惑为自然。阿难！若必自然，“自”须甄明，有自然体。汝且观此，妙明见中，以何为自？此见为复，以明为自？以暗为自？以空为自？以塞为自？阿难！若明为自，应不见暗；若复以空为自体者，应不见塞。如是乃至诸暗等相以为自者，则于明时，见性断灭，云何见明？”

三、真心非因缘

阿难言：“必此妙见，性非自然。我今发明，是因缘性，心犹未明，咨询如来，是义云何，合因缘性？”

佛言：“汝言因缘，吾复问汝。汝今同见，见性现前，此见为复，因明有见？因暗有见？因空有见？因塞有见？阿难！若因明有，应不见暗；如因暗有，应不见明。如是乃至因空、因塞，同于明暗。复次，阿难！此见又复，缘明有见？缘暗有见？缘空有见？缘塞有见？阿难！若缘空有，应不见塞；若缘塞有，应不见空。如是乃至缘明、缘暗，同于空塞。当知如是，精觉妙明，非因非缘，亦非自然，非不自然，无非不非，无是非是，离一切相，即一切法。汝今云何于中措心，以诸世间戏论名相，而得分别？如以手掌撮摩虚空，只益自劳！虚空云何，随汝执捉？”

四、真心非见不见

阿难白佛言：“世尊！必妙觉性，非因非缘。世尊云何，常与比丘，宣说见性，具四种缘，所谓因空、因明、因心、因眼。是义云何？”

佛言：“阿难！我说世间诸因缘相，非第一义。阿难！吾复问汝。诸世间人说我能见，云何名见？云何不见？”

阿难言："世人因于日、月、灯光，见种种相，名之为见；若复无此三种光明，则不能见。"

"阿难！若无'明'时名不见者，应不见暗；若必见暗，此但无'明'，云何无见？阿难！若在暗时，不见明故名为不见；今在明时不见暗相，还名不见。如是二相，俱名不见。若复二相，自相凌夺，非汝见性，于中暂无，如是则知，二俱名见，云何不见？

"是故阿难！汝今当知，见明之时，见非是明；见暗之时，见非是暗；见空之时，见非是空；见塞之时，见非是塞，四义成就。汝复应知，见见之时，见非是见；见犹离见，见不能及。云何复说因缘、自然及和合相？汝等声闻，狭劣无识，不能通达清净实相，吾今诲汝，当善思惟，无得疲怠，妙菩提路。"

第五章　二种众生妄见①

阿难白佛言："世尊！如佛世尊，为我等辈，宣说因缘及与自然，诸和合相，与不和合，心犹未开；而今更闻，见见非见，重增迷闷。伏愿弘慈，施大慧目，开示我等，觉心明净。"作是语已，悲泪顶礼，承受圣旨。

尔时，世尊怜愍阿难及诸大众，将欲敷演，大陀罗尼，诸三摩提，妙修行路，告阿难言："汝虽强记，但益多闻；于奢摩他微密观照，心犹未了。汝今谛听，吾今为汝分别开示，亦令将来诸有漏者获菩提果。

"阿难！一切众生，轮回世间，由二颠倒，分别见妄，当处发生，当业轮转。

"云何二见？一者，众生别业妄见；二者，众生同分妄见。

第一节　别业：众生别业妄见

"云何名为别业妄见？阿难！如世间人，目有赤眚②，夜见灯

① 别业妄见，也就是别业；同分妄见，也就是共业。

② 眚：shěng，相当于"病"。赤眚，一种眼病，现代医学认为可能是指"青光眼"之类的眼病。

光，别有圆影，五色重叠。于意云何？此夜灯明，所现圆光，为是灯色？为当见色？阿难！此若灯色，则非眚人何不同见？而此圆影唯眚之观？若是见色，见已成色，则彼眚人见圆影者，名为何等？复次，阿难！若此圆影离灯别有，则合傍观屏、帐、几、筵，有圆影出；离见别有，应非眼瞩，云何眚人目见圆影？是故当知色实在灯[①]，见病为影，影见俱眚[②]。（若）[③]见眚（则）非病。[④] 终不应言，是灯？是见？（或）于是中，有非灯非见？如第二月，非体非影。何以故？第二之观，捏所成故。诸有智者，不应说言，此捏根元，是形非形？离见非见？此亦如是，目眚所成，今欲名谁，是灯是见？何况分别，非灯非见？

第二节　共业：众生同分妄见

“云何名为同分妄见？阿难！此阎浮提，除大海水，中间平陆，有三千洲，正中大洲，东西括量，大国凡有，二千三百，其余小洲，在诸海中，其间或有，三两百国，或一或二，至于三十、四十、五十。阿难！若复此中，有一小洲，只有两国，唯一国人，同感恶缘，则彼小洲，当土众生，睹诸一切，不祥境界。或见二日，或见两月，其中乃至，晕蚀佩玦，彗孛飞流，负耳虹霓，种种恶相，但此国见；彼国众生，本所不见，亦复不闻。阿难！吾今为汝，以此二事，进退合明。

“阿难！如彼众生，别业妄见，瞩灯光中，所现圆影，虽现似境，

① 所以应该知道，无有圆影之澄清光明色，实实在在、确确实实就是真心的妙用。

② 见性“生病”才生成了扭曲实相的圆影，所见之圆影和能见之见精，即能见和所见，都是扭曲了实相的病态。

③ 括号内的“若、则、或”三个字，是为方便理解所添加，并非原经文内容。

④ 如果能够如实照见能见之见精和所见之圆影，都是病态的话，则就不是病人了，就当下离病了。

终彼见者，目眚所成。眚即见劳，非色所造。然见眚者，终无见咎。例汝今日，以目观见，山河国土，及诸众生，皆是无始，见病所成，见与见缘，似现前境。元我觉明，见所缘眚，觉见即眚。本觉明心，觉缘非眚。觉所觉眚，觉非眚中，此实见见。云何复名，觉闻知见？是故汝今，见我及汝，并诸世间，十类众生，皆即见眚。非见眚者，彼见真精，性非眚者，故不名见。

“阿难！如彼众生，同分妄见，例彼妄见，别业一人，一病目人，同彼一国，彼见圆影，眚妄所生，此众同分，所现不祥，同见业中，瘴恶所起，俱是无始，见妄所生。例阎浮提，三千洲中，兼四大海，娑婆世界，并洎十方，诸有漏国，及诸众生，同是觉明无漏妙心，见闻觉知虚妄病缘，和合妄生、和合妄死。若能远离，诸和合缘，及不和合，则覆灭除，诸生死因，圆满菩提，不生灭性，清净本心，本觉常住。

第六章　四科虽妄，本如来藏

［注］

本章也是为了开显真心的无量妙用，一是彰显真心之庄严殊胜，二是遮遣“断灭见”。

第一节　总说：本觉明妙，非合不合

“阿难！汝虽先悟，本觉妙明，性非因缘，非自然性，而犹未明，如是觉元，非和合生，及不和合。阿难！吾今复以前尘问汝。汝今犹以一切世间妄想和合诸因缘性，而自疑惑证菩提心和合起者，则汝今者，妙净见精，为与明和？为与暗和？为与通和？为与塞和？若明和者，且汝观“明”，当“明”现前，何处杂“见”？“见”相可辨，“杂”何形像？若非见者，云何见明？若即见者，云何见“见”？必见圆满，何处和明？若明圆满，不合见和，见必异明；杂则失彼，性明名字。杂失明性，和明非义，彼暗与通，及诸群塞，亦复如是。

“复次，阿难！又汝今者，妙净见精，为与明合？为与暗合？为与通合？为与塞合？若明合者，至于暗时明相已灭，此见即不与诸暗合。云何见暗？若见暗时不与暗合，与明合者应非见明，既不见明云何明合？了明非暗？彼暗与通，及诸群塞，亦复如是。”

阿难白佛言："世尊！如我思惟，此妙觉元，与诸缘尘，及心念虑，非和合耶？"

佛言："汝今又言，觉非和合。吾复问汝。此妙见精，非和合者，为非明和？为非暗和？为非通和？为非塞和？若非明和，则见与明，必有边畔。汝且谛观，何处是明？何处是见？在见在明，自何为畔？阿难！若明际中，必无见者，则不相及，自不知其，明相所在，畔云何成？彼暗与通，及诸群塞，亦复如是。

"又妙见精，非和合者，为非明合？为非暗合？为非通合？为非塞合？若非明合，则见与明，性相乖角，如耳与明，了不相触，见且不知，明相所在，云何甄明，合非合理？彼暗与通，及诸群塞，亦复如是。

"阿难！汝犹未明，一切浮尘，诸幻化相，当处出生，随处灭尽，幻妄称相，其性真为，妙觉明体，如是乃至，五阴、六入，从十二处，至十八界，因缘和合，虚妄有生，因缘别离，虚妄名灭，殊不能知，生灭去来，本如来藏，常住妙明，不动周圆，妙真如性，性真常中，求于去来、迷悟、死生，了无所得。

第二节　五阴虽妄，本如来藏

[注]

1. 色阴，质碍义。本经喻：空中花。他经喻[①]：泡沫聚，积聚

---

① 《杂阿含经》卷10："尔时，世尊欲重宣此义，而说偈言：观色如聚沫，受如水上泡，想如春时焰，诸行如芭蕉，诸识法如幻。"（《大正藏》册02，卷99，页69）《佛说水沫所漂经》卷1："尔时，世尊便说偈言：'色如彼聚沫，痛如彼水泡，想如夏野马，行如芭蕉树，识如彼幻术，最胜之所说。若能谛观察，思惟而分别，空亦无所有。'"（《大正藏》册02，卷106，页502）《方广大庄严经》卷12："尔时世尊告频婆娑罗王言：'大王！色是无常苦空无我，受想行识亦是无常苦空无我。色如聚沫不可撮摩，受如水泡不得久立，行如芭蕉中无有坚，想如所梦为虚妄见，识如幻化从颠倒起，三界不实一切无常。'"（《大正藏》册03，卷187，页613）《大般若波罗蜜多经》卷350："佛言：'善现！若菩萨摩诃萨安住静虑波罗蜜多修学安忍，观色如聚沫，观受如浮泡，观想如阳焰，观行如芭蕉，观识如幻事，作是观时，于五取蕴不坚固想常现在前。'"（《大正藏》册06，卷220，页797）。

泡沫而有质碍。

2. 受阴，领纳义。本经喻：搓手觉。他经喻：水上泡，和合生，刹那灭。

3. 想阴，取像义。本经喻：谈梅水。他经喻：热时焰，于热气妄作水想。

4. 行阴，造作义。本经喻：暴流浪。他经喻：芭蕉树，唯皮无心，唯行相无实义。

5. 识阴，了别义。本经喻：瓶中空。他经喻：幻化相，如水中作画，强行割裂诸法。

"阿难！云何五阴，本如来藏，妙真如性？阿难！譬如有人以清净目观晴明空，唯一精虚，迥无所有，其人无故不动目睛，瞪以发劳，则于虚空别见狂花，复有一切狂乱非相；色阴当知亦复如是。阿难！是诸狂花，非从空来，非从目出。如是，阿难！若空来者，既从空来还从空入，若有出入即非虚空，空若非空，自不容其花相起灭，如阿难体不容阿难。若目出者，既从目出还从目入，即此花性从目出故，当合有见。若有见者，去既花空旋合见眼；若无见者，出既翳空旋当翳眼。又见花时，目应无翳，云何晴空号清明眼？是故当知色阴虚妄，本非因缘、非自然性。

"阿难！譬如有人，手足宴安百骸调适，忽如忘生，性无违顺，其人无故以二手掌于空相摩，于二手中妄生涩滑、冷热诸相；受阴当知亦复如是。阿难！是诸幻触，不从空来，不从掌出。如是，阿难！若空来者，既能触掌，何不触身？不应虚空选择来触。若从掌出，应非待合。又掌出故，合则掌知，离即触入，臂腕骨髓应亦觉知入时踪迹，必有觉心知出知入，自有一物身中往来，何待合知要名为触？是故当知受阴虚妄，本非因缘、非自然性。

"阿难！譬如有人谈说醋梅口中水出，思踏悬崖足心酸涩；想阴当知亦复如是。阿难！如是醋说，不从梅生，非从口入。如是，阿难！若梅生者，梅合自谈，何待人说？若从口入，自合口闻，何须待耳？若独耳闻，此水何不耳中而出？想踏悬崖与说相类。是故当知想阴虚妄，本非因缘、非自然性。

"阿难！譬如暴流波浪相续，前际后际不相逾越；行阴当知亦复如是。阿难！如是流性，不因空生，不因水有；亦非水性，非离空水。如是，阿难！若因空生，则诸十方无尽虚空，成无尽流，世界自然俱受沦溺。若因水有，则此暴流性应非水[①]，有、所有相，今应现(显现)在(存在)[②]。若(暴流)[③]即水性，则澄清时应非水体[④]。若离空、水，空非有外，水外无流。是故当知行阴虚妄，本非因缘、非自然性。

"阿难！譬如有人取频伽瓶，塞其两孔，满中擎空，千里远行，用饷他国；识阴当知亦复如是。阿难！如是虚空，非彼方来，非此方入。如是，阿难！若彼方来，则本瓶中既贮空去，于本瓶地应少虚空。若此方入，开孔倒瓶应见空出。是故当知识阴虚妄，本非因缘、非自然性。

---

① 若此暴流因水而有，则暴流应该不是水才对。因为所生和能生不能同体，能生之水和所生之暴流必然不是一个体性。

② 既然暴流和水是二个，那么，能有之水和所生之暴流这二个不同的体相就应该显现出来，而大众共许的事实是，暴流出现时，并非二个体相。所以，水生不成立。

③ 此处的"暴流"和前面的"显现""存在"是为方便理解而添加，并非原经文内容。

④ 如果说，汹涌澎湃的暴流就是水之本性的话，那么当暴流安静澄清时，就应该不是水了，因为你认为汹涌澎湃暴流才是水的本性。与大众共许的事实违背，所以不成立。前面一句破斥暴流和水是"异"，后面一句破斥是"一"。

(第三卷)[1]

[1] 本卷内容和前卷"五阴"部分格式上相似,相对比较容易理解,所以不再提示。

第三节　六入虽妄，本如来藏

“复次，阿难！云何六入本如来藏妙真如性？阿难！即彼目精瞪发劳者，兼目与劳同是菩提，瞪发劳相因于明暗二种妄尘，发见居中吸此尘象，名为见性，此见离彼明暗二尘，毕竟无体。如是，阿难！当知是见非明暗来，非于根出，不于空生。何以故？若从明来，暗即随灭，应非见暗。若从暗来，明即随灭，应无见明。若从根生，必无明暗。如是见精，本无自性。若于空出，前瞩尘象，归当见根；又空自观，何关汝入。是故当知，眼入虚妄，本非因缘、非自然性。

“阿难！譬如有人以两手指急塞其耳，耳根劳故头中作声，兼耳与劳同是菩提。瞪发劳相因于动静二种妄尘，发闻居中吸此尘象，名听闻性，此闻离彼动静二尘，毕竟无体。如是，阿难！当知是闻非动静来，非于根出，不于空生。何以故？若从静来，动即随灭，应非闻动。若从动来，静即随灭，应无觉静。若从根生，必无动静。如是闻体，本无自性。若于空出，有闻成性，即非虚空；又空自闻，何关汝入。是故当知耳入虚妄，本非因缘、非自然性。

“阿难！譬如有人急畜其鼻畜久成劳，则于鼻中闻有冷触，因触分别通塞虚实，如是乃至诸香臭气，兼鼻与劳同是菩提。瞪发劳相因于通塞二种妄尘，发闻居中吸此尘象，名嗅闻性，此闻离彼通塞二尘，毕竟无体。当知是闻非通塞来，非于根出，不于空生。何以故？若从通来，塞自随灭，云何知塞？如因塞有，通则无闻，云何发明香臭等触？若从根生，必无通塞。如是闻体，本无自性。若从空出，是闻自当回嗅汝鼻，空自有闻，何关汝入。是故当知鼻入虚妄，本非因缘、非自然性。

“阿难！譬如有人以舌舐吻熟舐令劳，其人若病则有苦味，无病之人微有甜触，由甜与苦显此舌根，不动之时淡性常在。兼舌与劳同是菩提，瞪发劳相因甜苦、淡二种妄尘，发知居中吸此尘象，名知味性，此知味性离彼甜苦及淡二尘，毕竟无体。如是，阿难！当知如是尝苦淡知，非甜苦来，非因淡有，又非根出，不于空生。何以故？若甜苦来，淡即知灭，云何知淡？若从淡出，甜即知亡，复云何知甜苦二相？若从舌生，必无甜淡及与苦尘。斯知味根本无自性。若于空出，虚空自味非汝口知，又空自知，何关汝入。是故当知，舌入虚妄，本非因缘、非自然性。

“阿难！譬如有人以一冷手触于热手，若冷势多热者从冷，若热功胜冷者成热，如是以此合觉之触显于离知，涉势若成因于劳触。兼身与劳同是菩提，瞪发劳相因于离合二种妄尘，发觉居中吸此尘象，名知觉性。此知觉体，离彼离合、违顺二尘，毕竟无体。如是，阿难！当知是觉，非离合来，非违顺有，不于根出，又非空生。何以故？若合时来，离当已灭，云何觉离？违顺二相，亦复如是。若从根出，必无离合、违顺四相。则汝身知，元无自性。必于空出，空自知觉，何关汝入。是故当知身入虚妄，本非因缘、非自然性。

“阿难！譬如有人劳倦则眠睡熟便寤，览尘斯忆失忆为妄，是其颠倒生住异灭，吸习中归不相逾越，称意知根。兼意与劳同是菩提，瞪发劳相因于生灭二种妄尘，集知居中吸撮内尘，见闻逆流流不及地，名觉知性。此觉知性，离彼寤寐、生灭二尘，毕竟无体。如是，阿难！当知如是觉知之根，非寤寐来，非生灭有，不于根出，亦非空生。何以故？若从寤来，寐即随灭，将何为寐？必生时有，灭即同无，令谁受灭？若从灭有，生即灭无，孰知生者？若从根出，寤寐二相随身开合，离斯二体，此觉知者同于空花，毕竟无性。若从空生，自是空知，何关汝入。是故当知，意入虚妄，本非因缘、非自然性。

第四节　十二处虽妄，本如来藏

“复次，阿难！云何十二处本如来藏妙真如性？阿难！汝且观此祇陀树林及诸泉池。于意云何，此等为是色生眼见？眼生色相？阿难！若复眼根生色相者，见空非色，色性应销，销则显发一切都无，色相既无，谁明空质？空亦如是。若复色尘生眼见者，观空非色，见即销亡，亡则都无，谁明空色？是故当知，见与色空俱无处所，即色与见二处虚妄，本非因缘、非自然性。

“阿难！汝更听此祇陀园中，食办击鼓、众集撞钟，钟鼓音声前后相续。于意云何，此等为是声来耳边？耳往声处？阿难！若复此声来于耳边，如我乞食室罗筏城，在祇陀林则无有我；此声必来阿难耳处，目连、迦叶应不俱闻，何况其中一千二百五十沙门，一闻钟声同来食处。若复汝耳往彼声边，如我归住祇陀林中，在室罗城则无有我；汝闻鼓声，其耳已往击鼓之处，钟声齐出应不俱闻，何况其中象马牛羊种种音响。若无来往，亦复无闻。是故当知听与音声俱无处所，即听与声二处虚妄，本非因缘、非自然性。

“阿难！汝又嗅此炉中栴檀，此香若复然于一铢，室罗筏城四十里内同时闻气。于意云何，此香为复生栴檀木？生于汝鼻？为生于空？阿难！若复此香生于汝鼻，称鼻所生当从鼻出，鼻非栴檀，云何鼻中有栴檀气？称汝闻香当于鼻入，鼻中出香说闻非义。若生于空，空性常恒，香应常在，何藉炉中爇此枯木？若生于木，则此香质因爇成烟，若鼻得闻合蒙烟气，其烟腾空未及遥远，四十里内云何已闻？是故当知香臭与闻俱无处所，即嗅与香二处虚妄，本非因缘、非自然性。

“阿难！汝常二时众中持钵，其间或遇酥酪醍醐名为上味。于意云何，此味为复生于空中？生于舌中？为生食中？阿难！若复此味生于汝舌，在汝口中只有一舌，其舌尔时已成酥味，遇黑石蜜应不推移，若不变移不名知味，若变移者舌非多体，云何多味一舌之知？若生于食，食非有识，云何自知？又食自知，即同他食，何预于汝，名味之知？若生于空，汝啖虚空当作何味？必其虚空若作咸味，既咸汝舌亦咸汝面，则此界人同于海鱼；既常受咸了不知淡，若不识淡亦不觉咸，必无所知，云何名味？是故当知味舌与尝俱无处所，即尝与味二俱虚妄，本非因缘、非自然性。

"阿难！汝常晨朝以手摩头。于意云何，此摩所知，唯为能触。能为在手？为复在头？若在于手，头则无知，云何成触？若在于头，手则无用，云何名触？若各各有，则汝阿难应有二身。若头与手一触所生，则手与头当为一体，若一体者触则无成；若二体者，触谁为在？在能非所，在所非能。不应虚空与汝成触。是故当知觉触与身俱无处所，即身与触二俱虚妄，本非因缘、非自然性。

"阿难！汝常意中所缘善、恶、无记三性，生成法则。此法为复即心所生？为当离心别有方所？

"阿难！若即心者，法则非尘，非心所缘，云何成处？若离于心别有方所，则法自性为知？非知？知则名心，异汝非尘，同他心量即汝即心，云何汝心更二于汝？若非知者，此尘既非色、声、香、味、离合冷暖及虚空相，当于何在？今于色空都无表示，不应人间更有空外，心非所缘，处从谁立。是故当知法则与心俱无处所，则意与法二俱虚妄，本非因缘、非自然性。

第五节　十八界虽妄，本如来藏

"复次，阿难！云何十八界本如来藏妙真如性？阿难！如汝所明，眼色为缘生于眼识，此识为复因眼所生，以眼为界？因色所生，以色为界？阿难！若因眼生，既无色空无可分别，纵有汝识欲将何用？汝见又非青黄赤白，无所表示从何立界？若因色生，空无色时汝识应灭，云何识知是虚空性？若色变时，汝亦识其色相迁变，汝识不迁，界从何立？从变则变，界相自无；不变则恒。既从色生，应不识知虚空所在。若兼二种眼色共生，合则中离，离则两合，体性杂乱云何成界？是故当知眼色为缘生眼识界，三处都无，则眼与色及色界三，本非因缘、非自然性。

"阿难！又汝所明，耳声为缘生于耳识。此识为复因耳所生，以耳为界？因声所生，以声为界？

"阿难！若因耳生，动静二相既不现前，根不成知，必无所知；知尚无成，识何形貌？若取耳闻，无动静故，闻无所成。云何耳形杂色触尘，名为识界，则耳识界复从谁立？若生于声，识因声有，则不关闻，无闻则亡声相所在；识从声生，许声因闻而有声相，闻应闻识不闻非界，闻则同声，识已被闻谁知闻识，若无知者终如草木。不应声闻杂成中界，界无中位，则内外相复从何成？是故当知耳声为缘生耳识界，三处都无，则耳与声及声界三，本非因缘、非自然性。

"阿难！又汝所明，鼻香为缘生于鼻识。此识为复因鼻所生，以鼻为界？因香所生，以香为界？

"阿难！若因鼻生，则汝心中以何为鼻？为取肉形双爪之相？为取嗅知动摇之性？若取肉形，肉质乃身，身知即触，名身非鼻，名触即尘，鼻尚无名云何立界？若取嗅知，又汝心中以何为知？以肉为知，则肉之知元触非鼻；以空为知，空则自知肉应非觉，如是则应虚空是汝，汝身非知，今日阿难应无所在；以香为知，知自属香，何预于汝？若香臭气必生汝鼻，则彼香臭二种流气，不生伊兰及栴檀木，二物不来，汝自嗅鼻为香为臭。臭则非香，香应非臭，若香臭二俱能闻者，则汝一人应有两鼻，对我问道有二阿难，谁为汝体？若鼻是一，香臭无二，臭既为香香复成臭，二性不有，界从谁立？若因香生识因香有，如眼有见不能观眼，因香有故应不知香，知则非生，不知非识。香非知有，香界不成；识不知香，因界则非从香建立，既无中间不成内外，彼诸闻性毕竟虚妄。是故当知鼻香为缘生鼻识界，三处都无，则鼻与香及香界三，本非因缘、非自然性。

"阿难！又汝所明，舌味为缘生于舌识。此识为复因舌所生，以舌为界？因味所生，以味为界？

"阿难！若因舌生，则诸世间甘蔗、乌梅、黄连、石盐、细辛、姜桂都无有味。汝自尝舌为甜为苦？若舌性苦，谁来尝舌？舌不自尝，孰为知觉？舌性非苦，味自不生，云何立界？若因味生，识自为味，同于舌根应不自尝，云何识知是味非味？又一切味非一物生，味既多生识应多体，识体若一体必味生。咸淡甘辛和合俱生，诸变异相同为一味应无分别，分别既无则不名识，云何复名舌味识界？不应虚空生汝心识。舌味和合，即于是中元无自性，云何界生？是故当知舌味为缘生舌识界，三处都无，则舌与味及舌界三，本非因缘、非自然性。

"阿难！又汝所明，身触为缘生于身识。此识为复因身所生，以身为界？因触所生，以触为界？

"阿难！若因身生必无合离，二觉观缘身何所识。若因触生必无汝身，谁有非身知合离者？阿难！物不触知，身知有触；知身即触，知触即身。即触非身，即身非触，身触二相元无处所，合身即为身自体性，离身即是虚空等相，内外不成中云何立？中不复立内外性空，即汝识生从谁立界？是故当知身触为缘生身识界，三处都无，则身与触及身界三，本非因缘、非自然性。

"阿难！又汝所明，意法为缘生于意识。此识为复因意所生，以意为界？因法所生，以法为界？

“阿难！若因意生，于汝意中必有所思，发明汝意。若无前法，意无所生，离缘无形，识将何用？又汝识心与诸思量，兼了别性，为同为异？同意即意，云何所生？异意不同，应无所识。若无所识，云何意生？若有所识，云何识意？唯同与异，二性无成，界云何立？若因法生，世间诸法不离五尘。汝观色法，及诸声法、香法、味法，及与触法，相状分明以对五根，非意所摄。汝识决定依于法生，汝今谛观法法何状？若离色空、动静、通塞、合离、生灭，越此诸相终无所得。生则色空诸法等生，灭则色空诸法等灭，所因既无，因生有识作何形相？相状不有界云何生？是故当知意法为缘生意识界，三处都无，则意与法及意界三，本非因缘、非自然性。”

第七章　七大周遍，真性圆融

阿难白佛言："世尊！如来常说和合因缘，一切世间种种变化，皆因四大和合发明。云何如来因缘、自然二俱排摈？我今不知斯义所属，惟垂哀愍，开示众生中道了义无戏论法。"

尔时，世尊告阿难言："汝先厌离声闻、缘觉诸小乘法，发心勤求无上菩提，故我今时为汝开示第一义谛。如何复将世间戏论、妄想因缘而自缠绕？汝虽多闻如说药人，真药现前不能分别，如来说为真可怜愍。汝今谛听，吾当为汝分别开示，亦令当来修大乘者通达实相。"阿难默然，承佛圣旨。

"阿难！如汝所言，四大和合，发明世间种种变化。阿难！若彼大性体非和合，则不能与诸大杂和，犹如虚空不和诸色；若和合者，同于变化，始终相成生灭相续，生死死生，生生死死，如旋火轮未有休息。阿难！如水成冰冰还成水。汝观地性，粗为大地细为微尘，至邻虚尘析彼极微，色边际相七分所成，更析邻虚即实空性。阿难！若此邻虚析成虚空，当知虚空出生色相。汝今问言：'由和合故，出生世间诸变化相。'汝且观此一邻虚尘，用几虚空和合而有？不应邻虚合成邻虚。又邻虚尘析入空者，用几色相合成虚空？若色合时，合色非空；若空合时，合空非色。色犹可析，空云何合？汝元不知，如来藏中，性色真空，性空真色，清净本然，周遍法界；随众生心，应所知量，循业发现。世间无知，惑为因缘，及自然性，皆是识心，分别计度，但有言说，都无实义。

“阿难！火性无我，寄于诸缘。汝观城中，未食之家欲炊爨[①]时，手执阳燧日前求火。阿难！名和合者，如我与汝一千二百五十比丘今为一众，众虽为一，诘其根本各各有身，皆有所生氏族名字，如舍利弗婆罗门种、优卢频螺迦叶波种，乃至阿难瞿昙种姓。阿难！若此火性因和合有，彼手执镜于日求火，此火为从镜中而出？为从艾出？为于日来？阿难！若日来者，自能烧汝手中之艾，来处林木皆应受焚。若镜中出，自能于镜出然于艾，镜何不镕。纡汝手执尚无热相，云何融泮[②]。若生于艾，何藉日镜、光明相接，然后火生。汝又谛观镜因手执、日从天来、艾本地生，火从何方游历于此？日镜相远，非和非合，不应火光无从自有。汝犹不知如来藏中，性火真空，性空真火，清净本然，周遍法界；随众生心，应所知量。阿难当知！世人一处执镜一处火生，遍法界执满世间起，起遍世间，宁有方所，循业发现。世间无知，惑为因缘及自然性，皆是识心分别计度，但有言说，都无实义。

“阿难！水性不定，流息无恒。如室罗城迦毗罗仙、斫迦罗仙及钵头摩诃萨多等诸大幻师，求太阴精用和幻药，是诸师等，于白月昼手执方诸承月中水。此水为复从珠中出？空中自有？为从月来？阿难！若从月来，尚能远方令珠出水，所经林木皆应吐流。流，则何待方珠所出；不流，明水非从月降。若从珠出，则此珠中常应流水，何待中宵承白月昼。若从空生，空性无边水当无际，从人及天皆同陷溺，云何复有水陆空行？汝更谛观，月从天陟，珠因手

① 爨：cuàn，烧火做饭。
② 泮：pàn，溶解、分散。

持，承珠水盘本人敷设，水从何方流注于此？月珠相远非和非合，不应水精无从自有。汝尚不知如来藏中，性水真空，性空真水，清净本然，周遍法界；随众生心，应所知量，一处执珠一处水出，遍法界执满法界生，生满世间宁有方所，循业发现。世间无知，惑为因缘及自然性，皆是识心分别计度，但有言说，都无实义。

“阿难！风性无体，动静不常。汝常整衣入于大众，僧伽梨角动及傍人，则有微风拂彼人面。此风为复出袈裟角？发于虚空？生彼人面？阿难！此风若复出袈裟角，汝乃披风，其衣飞摇应离汝体；我今说法，会中垂衣，汝看我衣风何所在？不应衣中有藏风地。若生虚空，汝衣不动，何因无拂？空性常住，风应常生；若无风时，虚空当灭。灭风可见，灭空何状？若有生灭，不名虚空；名为虚空，云何风出？若风自生彼拂之面，从彼面生当应拂汝，自汝整衣云何倒拂？汝审谛观，整衣在汝，面属彼人，虚空寂然不参流动，风自谁方鼓动来此？风空性隔非和非合，不应风性无从自有。汝宛不知如来藏中，性风真空，性空真风，清净本然，周遍法界；随众生心，应所知量。阿难！如汝一人，微动服衣有微风出，遍法界拂满国土生，周遍世间宁有方所，循业发现。世间无知，惑为因缘及自然性，皆是识心分别计度，但有言说，都无实义。

“阿难！空性无形，因色显发。如室罗城去河遥处，诸刹利种及婆罗门、毗舍、首陀兼颇罗堕、旃陀罗等，新立安居凿井求水，出土一尺于中则有一尺虚空，如是乃至出土一丈，中间还得一丈虚空，空虚浅深随出多少。此空为当因土所出？因凿所有？无因自生？阿难！若复此空无因自生，未凿土前何不无碍，唯见大地迥无通达？若因土出，则土出时应见空入，若土先出无空入者，云何虚空因土而出？若无出入，则应空土元无异因，无异则同，则土出时空何不出？若因凿出，则凿出空，应非出土？不因凿出，凿自出土，云何见空？汝更审谛谛审谛观，凿从人手随方运转，土因地移，如是虚空因何所出？凿空虚实不相为用、非和非合，不应虚空无从自出。若此虚空，性圆周遍本不动摇，当知现前地水火风均名五大性真圆融，皆如来藏本无生灭。阿难！汝心昏迷，不悟四大元如来藏，当观虚空为出为入，为非出入。汝全不知如来藏中，性觉真空，性空真觉，清净本然，周遍法界，随众生心，应所知量。阿难！如一井空空生一井，十方虚空亦复如是，圆满十方宁有方所，循业发现。世间无知，惑为因缘及自然性，皆是识心分别计度，但有言说，都无实义。

"阿难！见觉无知，因色空有。如汝今者在祇陀林，朝明夕昏；设居中宵，白月则光黑月便暗，则明暗等因见分析。此见为复与明暗相，并太虚空，为同一体、为非一体？或同、非同？或异、非异？阿难！此见若复与明与暗及与虚空元一体者，则明与暗二体相亡。暗时无明，明时非暗，若与暗一，明则见亡；必一于明，暗时当灭，灭则云何见明见暗？若暗明殊，见无生灭，一云何成？若此见精与暗与明非一体者，汝离明暗及与虚空，分析见元作何形相？离明离暗及离虚空，是见元同龟毛兔角。明暗虚空三事俱异，从何立见？明暗相背，云何或同？离三元无，云何或异？分空分见本无边畔，云何非同？见暗见明性非迁改，云何非异？汝更细审、微细审、详审、谛审，观明从太阳、暗随黑月、通属虚空、拥归大地，如是见精因何所出？见觉空顽非和非合，不应见精无从自出。若见闻知，性圆周遍本不动摇，当知无边不动虚空并其动摇，地水火风均名六大性真圆融，皆如来藏本无生灭。阿难！汝性沉沦，不悟汝之见闻觉知本如来藏，汝当观此见闻觉知，为生为灭？为同为异？为非生灭？为非同异？汝曾不知如来藏中，性见觉明，觉精明见，清净本然，周遍法界，随众生心，应所知量。如一见根，见周法界，听、嗅、尝、触，觉触觉知，妙德莹然，遍周法界，圆满十虚宁有方所，循业发现。世间无知，惑为因缘及自然性，皆是识心分别计度，但有言说，都无实义。

“阿难！识性无源，因于六种根尘妄出。汝今遍观，此会圣众，用目循历，其目周视，但如镜中，无别分析，汝识于中，次第标指，此是文殊、此富楼那、此目犍连、此须菩提、此舍利弗。此识了知，为生于见？为生于相？为生虚空？为无所因，突然而出？阿难！若汝识性，生于见中，如无明暗，及与色空，四种必无，元无汝见，见性尚无，从何发识？若汝识性，生于相中，不从见生，既不见明，亦不见暗，明暗不瞩，即无色空，彼相尚无，识从何发？若生于空，非相非见，非见无辩，自不能知，明暗色空，非相灭缘，见闻觉知，无处安立；处此二非，空非同无，有非同物，纵发汝识，欲何分别？若无所因，突然而出，何不日中，别识明月。汝更细详、微细详审，见托汝睛，相推前境，可状成有，不相成无，如是识缘，因何所出？识动见澄，非和非合，闻听觉知，亦复如是，不应识缘，无从自出。若此识心，本无所从，当知了别，见闻觉知，圆满湛然，性非从所，兼彼虚空，地水火风，均名七大，性真圆融，皆如来藏，本无生灭。阿难！汝心粗浮，不悟见闻发明了知本如来藏。汝应观此，六处识心，为同为异？为空为有？为非同异？为非空有？汝元不知，如来藏中，性识明知，觉明真识，妙觉湛然，遍周法界，含吐十虚宁有方所，循业发现。世间无知，惑为因缘，及自然性，皆是识心，分别计度，但有言说，都无实义。”

第八章　阿难赞佛

尔时，阿难及诸大众，蒙佛如来微妙开示，身心荡然，得无挂碍。是诸大众，各各自知，心遍十方，见十方空，如观掌中，所持叶物，一切世间，诸所有物，皆即菩提，妙明元心，心精遍圆，含裹十方；反观父母所生之身，犹彼十方虚空之中，吹一微尘，若存若亡，如湛巨海流一浮沤，起灭无从。了然自知，获本妙心，常住不灭，礼佛合掌，得未曾有，于如来前，说偈赞佛：

妙湛总持不动尊，首楞严王世稀有，
销我亿劫颠倒想，不历僧祇获法身；
愿今得果成宝王，还度如是恒沙众，
将此深心奉尘刹，是则名为报佛恩。
伏请世尊为证明，五浊恶世誓先入，
如一众生未成佛，终不于此取泥洹；
大雄大力大慈悲，希更审除微细惑，
令我早登无上觉，于十方界坐道场，
舜若多性可销亡，烁迦啰心无动转。

（第四卷）

第九章　富楼追问，再除细惑

［注］

富楼那主要问了两个问题：

第一个问题：清净本然云何忽生山河大地诸有为相？

第二个问题：五大各各周遍，云何互相融通？

尔时，富楼那弥多罗尼子在大众中即从座起，偏袒右肩，右膝着地，合掌恭敬，而白佛言："大威德世尊！善为众生，敷演如来，第一义谛。世尊常推，说法人中，我为第一，今闻如来，微妙法音，犹如聋人，逾百步外，聆于蚊蚋，本所不见，何况得闻？佛虽宣明，令我除惑，今犹未详，斯义究竟，无疑惑地。世尊！如阿难辈，虽则开悟，习漏未除；我等会中，登无漏者，虽尽诸漏，今闻如来，所说法音，尚纡疑悔。世尊！若复世间，一切根、尘、阴、处、界等，皆如来藏，清净本然，云何忽生，山河大地，诸有为相，次第迁流，终而复始？又如来说，地、水、火、风，本性圆融，周遍法界，湛然常住。世尊！若地性遍，云何容水？水性周遍，火则不生，复云何明，水火二性，俱遍虚空，不相凌灭？世尊！地性障碍，空性虚通，云何二俱，周遍法界？而我不知，是义攸往，惟愿如来，宣流大慈，开我迷云，及诸大众。"作是语已，五体投地，钦渴如来，无上慈诲。

第一节　众生妄见三种颠倒相续

［注］

第一个问题：清净本然云何忽生山河大地诸有为相？

佛陀解答：众生妄见三种颠倒相续：世界相续、众生相续、业果相续。

一念不觉生三细，境界为缘长六粗。

尔时，世尊告富楼那，及诸会中，漏尽无学，诸阿罗汉："如来今日，普为此会，宣胜义中，真胜义性，令汝会中，定性声闻、及诸一切，未得二空，回向上乘阿罗汉等，皆获一乘，寂灭场地，真阿练若，正修行处。汝今谛听，当为汝说。"富楼那等，钦佛法音，默然承听。

佛言："富楼那！如汝所言，清净本然，云何忽生山河大地？汝常不闻，如来宣说，性觉妙明、本觉明妙？"

富楼那言："唯然，世尊！我常闻佛，宣说斯义。"

佛言："汝称觉明，为复性明，称名为觉？为觉不明，称为明觉？"

富楼那言："若此不明，名为觉者，则无无明。"

一、世界颠倒相续

佛言："若无所明，则无明觉。有所非觉，无所非明，无"明"又非觉湛明性，性觉必明，妄为明觉。觉非所明，因明立所。所既妄立，生汝妄能。无同异中，炽然成异。异彼所异，因异立同。同异发明，因此复立，无同无异。如是扰乱，相待生劳。劳久发尘，自相浑浊，由是引起，尘劳烦恼，起为世界。静成虚空，虚空为同，世界为异，彼无同异，真有为法。觉明空昧，相待成摇，故有风轮，执持世界；因空生摇，坚明立碍，彼金宝者，明觉立坚，故有金轮，保持国土；坚觉宝成，摇明风出，风金相摩，故有火光，为变化性，宝明生润，火光上蒸，故有水轮，含十方界；火腾水降，交发立坚，湿为巨海，干为洲潭，以是义故，彼大海中，火光常起，彼洲潭中，江河常注，水势劣火，结为高山，是故山石，击则成炎、融则成水，土势劣水，抽为草木，是故林薮，遇烧成土、因绞成水。交妄发生，递相为种，以是因缘，世界相续。

二、众生颠倒相续

"复次，富楼那！明妄非他，觉明为咎。所妄既立，明理不逾，以是因缘，听不出声，见不超色，色香味触，六妄成就，由是分开，见觉闻知，同业相缠，合离成化，见明色发，明见想成，异见成憎，同想成爱，流爱为种，纳想为胎，交遘发生，吸引同业，故有因缘，生羯啰蓝、遏蒱昙等，胎卵湿化，随其所应，卵唯想生、胎因情有、湿以合感、化以离应，情想合离，更相变易，所有受业，逐其飞沉，以是因缘，众生相续。

三、业果颠倒相续

"富楼那！想爱同结，爱不能离，则诸世间，父母子孙，相生不断，是等则以，欲贪为本；贪爱同滋，贪不能止，则诸世间，卵化湿胎，随力强弱，递相吞食，是等则以，杀贪为本；以人食羊，羊死为人，人死为羊，如是乃至，十生之类，死死生生，互来相啖，恶业俱生，穷未来际，是等则以，盗贪为本。汝负我命，我还债汝，以是因缘，经百千劫，常在生死；汝爱我心，我怜汝色，以是因缘，经百千劫，常在缠缚，唯杀盗淫，三为根本，以是因缘，业果相续。

“富楼那！如是三种，颠倒相续，皆是觉明，明了知性，因了发相，从妄见生，山河大地，诸有为相，次第迁流，因此虚妄，终而复始。”

第二节　如来不复再生颠倒虚妄

［注］

这是从第一个问题引发出来的枝节问题，仍然属于第一个问题的范畴。

既然世界、众生和业果三种相续是众生因虚妄而产生的颠倒相，为什么证得妙空明觉的如来仍然和众生一样生活在这个颠倒虚妄的世界里？是不是证得如来后又再生了有为习漏等颠倒虚妄相？是不是如来又变回了众生？

佛陀解答：如木成灰，不重成木，如金提纯，更不成杂，妙觉如来远离颠倒虚妄，不复再生有为习漏，莫以二元凡夫心识揣测如来不二圣智。

富楼那言：“若此妙觉，本妙觉明，与如来心，不增不减，无状忽生，山河大地，诸有为相；如来今得，妙空明觉，山河大地，有为习漏，何当复生？”

佛告富楼那：“譬如迷人，于一聚落，惑南为北，此迷为复因迷而有？因悟所出？”

富楼那言：“如是迷人，亦不因迷，又不因悟。何以故？迷本无根，云何因迷？悟非生迷，云何因悟？”

佛言：“彼之迷人，正在迷时，倏有悟人，指示令悟。富楼那！于意云何，此人纵迷，于此聚落，更生迷不？”

“不也，世尊！”

“富楼那！十方如来，亦复如是。此迷无本，性毕竟空。昔本无迷，似有迷觉，觉“迷”“迷灭”，觉不生迷。亦如翳人，见空中花，翳病若除，华于空灭；忽有愚人，于彼空花，所灭空地，待花更生。汝观是人，为愚？为慧？”

富楼那言：“空元无花，妄见生灭，见花灭空，已是颠倒；敕令更出，斯实狂痴。云何更名，如是狂人，为愚？为慧？”

佛言：“如汝所解，云何问言：‘诸佛如来，妙觉明空，何当更出，山河大地？’又如金矿，杂于精金，其金一纯，更不成杂，如木成灰，不重为木，诸佛如来，菩提涅槃，亦复如是。

第三节　妙觉明心非水非火离是非是

［注］

第二个问题：五大各各周遍，云何互相融通？

佛陀解答：妙觉明心，先非水火；

譬喻：犹如虚空，体非群相，而不拒彼诸相发挥；

妙如来藏，圆满周遍，常乐我净，非水非火，离是非是。

“富楼那！又汝问言：‘地水火风，本性圆融，周遍法界，疑水火性，不相凌灭；又征虚空，及诸大地，俱遍法界，不合相容。’

“富楼那！譬如虚空，体非群相，而不拒彼，诸相发挥。所以者何？富楼那！彼太虚空，日照则明、云屯则暗、风摇则动、霁澄则清、气凝则浊、土积成霾、水澄成映。于意云何，如是殊方，诸有为相，为因彼生？为复空有？若彼所生，富楼那！且日照时，既是日明，十方世界，同为日色，云何空中，更见圆日？若是空明，空应自照，云何中宵、云雾之时，不生光耀？当知是明，非日非空，不异空日。观相元妄，无可指陈，犹邀空花，结为空果，云何诘其，相凌灭义？观性元真，唯妙觉明，妙觉明心，先非水火，云何复问，不相容者？真妙觉明，亦复如是。汝以空明，则有空现。地水火风，各各发明，则各各现。若俱发明，则有俱现。云何俱现？富楼那！如一水中，现于日影，两人同观，水中之日，东西各行，则各有日，随二人去，一东一西，先无准的，不应难言：'此日是一，云何各行？各日既双，云何现一？'宛转虚妄，无可凭据。

"富楼那！汝以色空，相倾相夺，于如来藏，而如来藏，随为色空，周遍法界，是故于中，风动、空澄、日明、云暗，众生迷闷，背觉合尘，故发尘劳，有世间相；我以妙明，不灭不生，合如来藏，而如来藏，唯妙觉明，圆照法界，是故于中，一为无量、无量为一，小中现大、大中现小，不动道场，遍十方界，身含十方，无尽虚空，于一毛端，现宝王刹，坐微尘里，转大法轮，灭尘合觉，故发真如，妙觉明性。

"而如来藏，本妙圆心，非心非空；非地非水，非风非火；非眼非耳，鼻舌身意；非色非声，香味触法；非眼识界，如是乃至，非意识界；非明无明，明无明尽，如是乃至，非老非死，非老死尽；非苦非集，非灭非道；非智非得；非檀那、非尸罗、非毗梨耶、非羼提、非禅那、非钵刺若、非波罗蜜多；如是乃至，非怛闼阿竭、非阿罗诃、三耶三菩；非大涅槃，非常非乐，非我非净。

"以是俱非，世出世故。即如来藏，元明心妙，即心即空；即地即水，即风即火；即眼即耳，鼻舌身意；即色即声，香味触法；即眼识界，如是乃至，即意识界；即明无明，明无明尽，如是乃至，即老即死，即老死尽；即苦即集，即灭即道；即智即得；即檀那、即尸罗、即毗梨耶、即羼提、即禅那、即钵刺若、即波罗蜜多；如是乃至，即怛闼阿竭、即阿罗诃、三耶三菩；即大涅槃，即常即乐，即我即净。"

"以是即俱，世出世故。即如来藏，妙明心元，离即离非，是即非即，如何世间三有众生，及出世间声闻、缘觉，以所知心，测度如来，无上菩提，用世语言，入佛知见？譬如琴瑟，箜篌琵琶，虽有妙音，若无妙指，终不能发，汝与众生，亦复如是，宝觉真心，各各圆满，如我按指，海印发光。汝暂举心，尘劳先起，由不勤求，无上觉道，爱念小乘，得少为足。”

第四节　胜净明心不从外得

［注］

这是从佛陀的回答中引发出来的第三个问题：既然一切都是虚妄的、颠倒的，妙明觉性，于佛不增，于凡不减，不二圆满，为什么佛陀超越了轮回，而众生却依然沉溺于生死苦海？

佛陀解答：所谓证悟佛果，如醒时人说梦中事，毕竟不可得。以二元模式说，佛陀是醒悟了的众生，众生是在梦中的佛陀。胜净明心，本周法界，不从外得。

富楼那言：“我与如来，宝觉圆明，真妙净心，无二圆满，而我昔遭，无始妄想，久在轮回，今得圣乘，犹未究竟。世尊！诸妄一切，圆灭独妙真常，敢问如来，一切众生，何因有妄，自蔽妙明，受此沦溺？”

佛告富楼那：“汝虽除疑，余惑未尽。吾以世间，现前诸事，今复问汝。汝岂不闻，室罗城中，演若达多，忽于晨朝，以镜照面，爱镜中头，眉目可见，瞋责己头，不见面目，以为魑魅，无状狂走。于意云何，此人何因，无故狂走？”

富楼那言：“是人心狂，更无他故。”

佛言：“妙觉明圆，本圆明妙，既称为妄，云何有因？若有所因，云何名妄？自诸妄想，辗转相因，从迷积迷，以历尘劫，虽佛发明，犹不能返，如是迷因，因迷自有，识迷无因，妄无所依，尚无有生，欲何为灭。得菩提者，如寤时人，说梦中事，心纵精明，欲何因缘，取梦中物，况复无因，本无所有。如彼城中，演若达多，岂有因缘，自怖头走，忽然狂歇，头非外得，纵未歇狂，亦何遗失。富楼那！妄性如是，因何为在？汝但不随，分别世间、业果、众生三种相续，三缘断故，三因不生，则汝心中，演若达多，狂性自歇，歇即菩提，胜净明心，本周法界，不从人得，何藉劬劳，肯綮修证？譬如有人，于自衣中，系如意珠，不自觉知，穷露他方，乞食驰走，虽实贫穷，珠不曾失，忽有智者，指示其珠，所愿从心，致大饶富，方悟神珠，非从外得。”

第十章 阿难又惑"因缘、自然"

一、疑惑：菩提何不从因缘得

实时，阿难在大众中，顶礼佛足，起立白佛："世尊！现说杀盗淫业，三缘断故，三因不生，心中达多，狂性自歇，歇即菩提，不从人得。斯则因缘，皎然明白，云何如来，顿弃因缘？我从因缘，心得开悟，世尊此义，何独我等，年少有学声闻，今此会中大目犍连及舍利弗、须菩提等，从老梵志，闻佛因缘，发心开悟，得成无漏。今说菩提，不从因缘，则王舍城，拘舍梨等，所说自然，成第一义。惟垂大悲，开发迷闷。"

二、解惑：因缘自然，俱为戏论

佛告阿难："即如城中，演若达多，狂性因缘，若得灭除，则不狂性，自然而出，因缘自然，理穷于是。阿难！演若达多，头本自然，本自其然，无然非自，何因缘故，怖头狂走？若自然头，因缘故狂，何不自然，因缘故失？本头不失，狂怖妄出，曾无变易，何藉因缘？本狂自然，本有狂怖，未狂之际，狂何所潜？不狂自然，头本无妄，何为狂走？若悟本头，识知狂走，因缘自然，俱为戏论。是故我言，三缘断故，即菩提心。菩提心生，生灭心灭，此但生灭，灭生俱尽，无功用道。若有自然，如是则明，自然心生，生灭心灭，此亦生灭，无生灭者，名为自然。犹如世间，诸相杂和，成一体者，名和合性，非和合者，称本然性。本然非然，和合非合，合然俱离，离合俱非，此句方名，无戏论法。菩提涅槃，尚在遥远，非汝历劫，辛勤修证，虽复忆持，十方如来、十二部经，清净妙理，如恒河沙，只益戏论。

“汝虽谈说，因缘自然，决定明了，人间称汝，多闻第一，以此积劫，多闻熏习，不能免离，摩登伽难，何因待我，佛顶神咒，摩登伽心，淫火顿歇，得阿那含，于我法中，成精进林，爱河干枯，令汝解脱。是故阿难！汝虽历劫，忆持如来，秘密妙严，不如一日，修无漏业，远离世间，憎爱二苦；如摩登伽，宿为淫女，由神咒力，销其爱欲，法中今名，性比丘尼，与罗睺罗，母耶输陀罗，同悟宿因，知历世因，贪爱为苦，一念熏修，无漏善故，或得出缠，或蒙授记。如何自欺，尚留观听？”

第二部

审定修法：耳根圆通[①]

① 此部为“修道分”，也就是关于实修的方法选择。按照传统，整个修证体系可以分为四部分，作为全经的总纲，即见道分、修道分、证道分、助道分。见道分就是第一部“抉择正见”，修道分就是第二部“审定修法”，证道分就是第三部“修证次第”，助道分就是第四部“证道关键”，主要解决修道过程中可能遇到的主要问题。

阿难及诸大众，闻佛示诲，疑惑销除，心悟实相，身意轻安，得未曾有，重复悲泪，顶礼佛足，长跪合掌，而白佛言："无上大悲，清净宝王，善开我心，能以如是，种种因缘，方便提奖，引诸沉冥，出于苦海。世尊！我今虽承，如是法音，知如来藏，妙觉明心，遍十方界，含育如来，十方国土，清净宝严，妙觉王刹；如来复责，多闻无功，不逮修习。我今犹如，旅泊之人，忽蒙天王，赐以华屋，虽获大宅，要因门入。唯愿如来，不舍大悲，示我在会，诸蒙暗者，捐舍小乘，必获如来，无余涅槃，本发心路，令有学者，从何摄伏，畴昔攀缘，得陀罗尼，入佛知见。"作是语已，五体投地，在会一心，伫佛慈旨。

第一章　实修的保证：因正、门准

［注］

1. 初发心实修的二个保证：一个是发心要正，一个是法门要准。

2. 发心要正：如是因，如是果，因地不直，果遭纡曲。

3. 法门要准：找准烦恼根本和症结所在，事半功倍。

尔时，世尊哀愍会中缘觉、声闻，于菩提心未自在者，及为当来佛灭度后末法众生发菩提心，开无上乘妙修行路，宣示阿难及诸大众："汝等决定发菩提心，于佛如来妙三摩提不生疲倦，应当先明发觉，初心二决定义。云何初心二义决定？

第一节　因正：审观因地发心与果地觉为同为异

［注］

1. 以生灭心为因求无生灭果，是根本性错误，无有是处。

2. 欲证无生灭果，必须以无生灭性为本修因，因果才能相应。

3. 经文说是无生灭"性"为本修因，而不是无生灭"心"为本修因。

一、若以生灭心为本修因无有是处

“阿难！第一义者，汝等若欲捐舍声闻，修菩萨乘，入佛知见，应当审观因地发心与果地觉为同？为异？阿难！若于因地，以生灭心为本修因，而求佛乘不生不灭，无有是处。以是义故，汝当照明诸器世间，可作之法皆从变灭。阿难！汝观世间，可作之法谁为不坏，然终不闻烂坏虚空。何以故？空非可作，由是始终无坏灭故。则汝身中坚相为地、润湿为水、暖触为火、动摇为风，由此四缠分汝湛圆妙觉明心，为视、为听、为觉、为察，从始入终，五迭浑浊。

“云何为浊？阿难！譬如清水，清洁本然，即彼尘土灰沙之伦，本质留碍，二体法尔性不相循，有世间人，取彼土尘，投于净水，土失留碍，水亡清洁，容貌汩然[①]，明之为浊，汝浊五重，亦复如是。

“阿难！汝见虚空遍十方界，空见不分；有空无体、有见无觉，相织妄成，是第一重，名为劫浊。汝身现抟四大为体，见闻觉知壅令留碍，水火风土旋令觉知，相织妄成，是第二重，名为见浊。又汝心中忆识诵习，性发知见容现六尘，离尘无相离觉无性，相织妄成，是第三重，名烦恼浊。又汝朝夕生灭不停，知见每欲留于世间，业运每常迁于国土，相织妄成，是第四重，名众生浊。汝等见闻元无异性，众尘隔越无状异生，性中相知、用中相背，同异失准，相织妄成，是第五重，名为命浊。

二、应以无生灭性为因地心圆成果证

“阿难！汝今欲令见闻觉知，远契如来常乐我净，应当先择死生根本，依不生灭圆湛性成，以“湛”旋其虚妄灭生，伏还元觉，得元

---

① 汩：gǔ，混乱，扰乱。

明觉，无生灭性为因地心，然后圆成果地修证。如澄浊水贮于净器，静深不动，沙土自沉，清水现前，名为初伏客尘烦恼；去泥纯水，名为永断根本无明。明相精纯，一切变现不为烦恼，皆合涅槃清净妙德。

第二节　门准：审详烦恼根本症结所在

一、烦恼症结所在：六根为贼媒

“第二义者，汝等必欲发菩提心，于菩萨乘生大勇猛，决定弃捐诸有为相，应当审详烦恼根本，此无始来发业润生，谁作？谁受？阿难！汝修菩提，若不审观烦恼根本，则不能知虚妄根尘；何处颠倒处尚不知，云何降伏，取如来位？阿难！汝观世间解结之人，不见所结，云何知解？不闻虚空被汝隳裂。何以故？空无相形，无结解故。则汝现前眼耳鼻舌及与身心，六为贼媒，自劫家宝，由此无始众生世界生缠缚故，于器世间不能超越。

二、六根的团队：器世界

“阿难！云何名为众生世界？世为迁流，界为方位。汝今当知东西南北、东南、西南、东北、西北、上下，为界，过去、未来、现在，为世；位方有十，流数有三。一切众生织妄相成，身中贸迁，世界相涉；而此界性，设虽十方定位可明，世间只目东西南北，上下无位，中无定方，四数必明，与世相涉，三四四三，宛转十二，流变三迭，一十百千，总括始终，六根之中，各各功德，有千二百。

第二章　实修的技巧：一门深入

第一节　六根功德比较：耳舌意三根圆满

［注］

一千二百功德的基本算法：

1. 基本理论依据：于一真法界，依凡夫的二元架构，勉强划分为十方和三世，如果其根功德圆满的话，必须是十方周遍，三世无碍；若一方或者一世有碍，则为不圆满之根。

2. 从空间上，可以将一真法界，也就是凡夫所指的十方，像切蛋糕一样划分为四块，统称为四方。这样，四方四块就完整包含了十方上下，没有漏余。

3. 从时间上，可以分为过去、现在和未来三世，因每一方必定具有三世，所以，四方乘以三世，就是十二方世。

4. 十二方世的每一方世中，必定具有十法界，十二方世乘以十法界，就是一百二十法界。

5. 一百二十法界中，每一法界必定具有完整的十方（而不是四方），一百二十法界乘以十方，就是一千二百方；每一方就算一份功德力，组成了经中所讲的一千二百功德。

"阿难！汝复于中克定优劣，如眼观见，后暗前明，前方全明，后方全暗，左右傍观三分之二，统论所作，功德不全，三分言功，一分无德，当知眼唯八百功德[①]；如耳周听，十方无遗，动若迩遥，净无边际，当知耳根圆满一千二百功德；如鼻嗅闻，通出入息，有出有入，而缺中交，验于鼻根，三分缺一，当知鼻唯，八百功德；如舌宣扬，尽诸世间出世间智，言有方分，理无穷尽，当知舌根，圆满一千二百功德；如身觉触，识于违顺，合时能觉，离中不知，离一合双，验于身根，三分缺一，当知身唯，八百功德；如意默容，十方三世一切世间出世间法，惟圣与凡无不苞容，尽其涯际，当知意根，圆满一千二百功德。

第二节　一门深入：选一圆根入一无妄

［注］

六根功德的算法和比较：

1. 眼根：只观三方，后方不及，一方三百功德短缺，只具八百功德；

2. 鼻根：有出入息时可及，出息和入息之空档不及，三分缺一，只具八百功德；

3. 身根：合中能知，离中不知，三分缺一，只具八百功德；

4. 耳根：周遍四方，远近可闻，一千二百功德圆满；

5. 舌根：妙宣法语，言有方分，理无穷尽，一千二百功德圆满；

6. 意根：默容十方，含括三世，世法出世，尽其涯际，一千二百

① 按照四方共计一千二百功德计算，三方应为九百功德。因对经意并无大碍，此不详究。

功德圆满；

7. 圆满三根：耳根、舌根、意根；不圆满三根：眼根、鼻根、身根。

“阿难！汝今欲逆生死欲流，返穷流根至不生灭，当验此等六受用根，谁合？谁离？谁深？谁浅？谁为圆通？谁不圆满？若能于此悟圆通根，逆彼无始织妄业流，得循圆通，与不圆根日劫相倍，我今备显六湛圆明，本所功德，数量如是，随汝详择其可入者，吾当发明令汝增进。十方如来于十八界，一一修行皆得圆满无上菩提，于其中间亦无优劣；但汝下劣，未能于中圆自在慧，故我宣扬，令汝但于一门深入，入一无妄，彼六知根，一时清净。”

第三节 “入一无妄”的基本原理

阿难白佛言：“世尊！云何逆流深入一门，能令六根一时清净？”

一、“六根”本虚妄：从颠倒生因分别有

[注]

1. “六根”本虚妄，从颠倒生，因分别有，非一非六；

2. 譬喻：“犹如太空，参合群器”，就像在广阔的虚空中有不同形状的器皿一样，因为形状不同，而显得器皿中虚空的形状有差异，又因这种差异性而假名为眼、耳等根；

3. “除器观空，说空为一”，六根不同，执以为“异”，除器观空，六根互用，无差别性，执以为“一”；

4. 虚空本然，非一非异，如果没有基于器皿角度的种种分别，“一”和“异”根本谈不到。虚空譬喻妙明真心，器皿譬喻六根，所以说，六根互用与不互用，都是基于凡夫以二元模式强行割裂不二一

真法界的结果，从颠倒生，因分别有。

佛告阿难："汝今已得须陀洹果，已灭三界众生世间见所断惑，然犹未知根中积生无始虚习，彼习要因修所断得，何况此中生住异灭分剂头数？今汝且观现前六根，为一？为六？

"阿难！若言一者，耳何不见、目何不闻、头何不履、足何无语？若此六根决定成六，如我今会与汝宣扬微妙法门，汝之六根谁来领受？"

阿难言："我用耳闻。"

佛言："汝耳自闻，何关身口？口来问义，身起钦承，是故应知，非一终六，非六终一，终不汝根元一元六。阿难！当知是根非一非六，由无始来，颠倒沦替，故于圆湛，一六义生，汝须陀洹，虽得六销，犹未亡一，如太虚空参合群器，由器形异名之异空，除器观空，说空为一，彼太虚空云何为汝成同不同？何况更名是一非一？

二、虚妄六根的运作机制：二元相待

[注]

1. 根、尘相待，对映而成，和合生识；
2. 眼根(色尘)：明相、暗相；
3. 耳根(声尘)：动相(有声)、静相(无声)；
4. 鼻根(香尘)：通相、塞相；
5. 舌根(味尘)：恬相(无味)、变相(有味)；
6. 身根(触尘)：合相、离相；
7. 意根(法尘)：生相、灭相；

"则汝了知六受用根亦复如是。由明暗等二种相形，于妙圆中粘湛发见，见精映色，结色成根，根元目为清净四大，因名眼体如蒲萄朵，浮根四尘流逸奔色；由动静等二种相击，于妙圆中粘湛发听，听精映声卷声成根，根元目为清净四大，因名耳体如新卷叶，浮根四尘流逸奔声；由通塞等二种相发，于妙圆中粘湛发嗅，嗅精映香纳香成根，根元目为清净四大，因名鼻体如双垂爪，浮根四尘流逸奔香；由恬变等二种相参，于妙圆中粘湛发尝，尝精映味绞味成根，根元目为清净四大，因名舌体如初偃月，浮根四尘流逸奔味；由离合等二种相摩，于妙圆中粘湛发觉，觉精映触抟触成根，根元目为清净四大，因名身体如腰鼓颡，浮根四尘流逸奔触；由生灭等二种相续，于妙圆中粘湛发知，知精映法览法成根，根元目为清净四大，因名意思如幽室见，浮根四尘流逸奔法。

三、技巧：随拔一根诸余五粘应拔圆脱

"阿难！如是六根，由彼觉明有明明觉，失彼精了粘妄发光，是以汝今离暗离明无有见体，离动离静元无听质，无通无塞嗅性不生，非变非恬尝无所出，不离不合觉触本无，无灭无生了知安寄。汝但不循动静、合离、恬变、通塞、生灭、暗明，如是十二诸有为相，随拔一根，脱粘内伏，伏归元真，发本明耀；耀性发明，诸余五粘，应拔圆脱，不由前尘，所起知见，明不循根，寄根明发，由是六根，互相为用。

四、六个成功案例分享

"阿难！汝岂不知，今此会中阿那律陀无目而见；跋难陀龙无耳而听；殑伽神女非鼻闻香；骄梵钵提异舌知味；舜若多神无身有触，如来光中映令暂现，既为风质其体元无；诸灭尽定得寂声闻，如此会中摩诃迦叶，久灭意根，圆明了知，不因心念。阿难！今汝诸

根，若圆拔已，内莹发光，如是浮尘及器世间诸变化相，如汤销冰，应念化成无上知觉。阿难！如彼世人聚见于眼，若令急合，暗相现前，六根黯然头足相类。彼人以手循体外绕，彼虽不见，头足一辩知觉是同。缘见因明，暗成无见，不明自发则诸暗相永不能昏，根尘既销，云何觉明不成圆妙。”

第四节　纠正错见：尘相虽灭闻性不失

一、阿难错见：若心离于动静诸相则毕竟断灭

阿难白佛言：“世尊！如佛说言，因地觉心欲求常住，要与果位名目相应。世尊！如果位中，菩提、涅槃、真如、佛性、庵摩罗识、空如来藏、大圆镜智，是七种名，称谓虽别，清净圆满，体性坚凝，如金刚王常住不坏；若此见听离于暗明、动静、通塞，毕竟无体，犹如念心离于前尘，本无所有，云何将此毕竟断灭以为修因，欲获如来七常住果？世尊！若离明暗见毕竟空，如无前尘念自性灭，进退循环微细推求，本无我心及我心所，将谁立因求无上觉？如来先说湛精圆常，违越诚言终成戏论。云何如来真实语者？惟垂大慈开我蒙悋。”

二、击钟验常：声生声灭闻性不动

佛告阿难：“汝学多闻，未尽诸漏，心中徒知颠倒所因，真倒现前，实未能识，恐汝诚心，犹未信伏，吾今试将尘俗诸事，当除汝疑。”

实时，如来敕罗睺罗击钟一声，问阿难言：“汝今闻不？”

阿难大众俱言：“我闻。”

钟歇无声，佛又问言："汝今闻不？"

阿难大众俱言："不闻。"

时，罗睺罗又击一声，佛又问言："汝今闻不？"

阿难大众又言："俱闻。"

佛问阿难："汝云何闻？云何不闻？"

阿难大众俱白佛言："钟声若击则我得闻，击久声销音响双绝，则名无闻。"

如来又敕罗睺击钟，问阿难言："尔今声不？"

阿难言："声。"

少选声销，佛又问言："尔今声不？"

阿难大众答言："无声。"

有顷，罗睺更来撞钟，佛又问言："尔今声不？"

阿难大众俱言："有声。"

佛问阿难："汝云何声？云何无声？"

阿难大众俱白佛言："钟声若击，则名有声，击久声销音响双绝，则名无声。"

佛语阿难及诸大众："汝今云何自语矫乱。"

大众阿难俱时问佛："我今云何名为矫乱？"

佛言："我问汝闻，汝则言闻；又问汝声，汝则言声。惟闻与声，报答无定，如是云何不名矫乱？阿难！声销无响，汝说无闻，若实无闻，闻性已灭，同于枯木，钟声更击，汝云何知？知有知无，自是声尘或无或有，岂彼闻性为汝有无？闻实云无，谁知无者？是故，阿难！声于闻中，自有生灭，非为汝闻，声生声灭，令汝闻性，为有为无。汝尚颠倒惑声为闻，何怪昏迷以常为断。终不应言，离诸动静、闭塞、开通，说闻无性。

三、梦中闻舂：其形虽寐闻性不昏

“如重睡人眠熟床枕，其家有人于彼睡时捣练舂[①]米，其人梦中闻舂捣声，别作他物，或为击鼓，或复撞钟，即于梦时自怪其钟为木石响，于时忽寤，遄[②]知杵音，自告家人：‘我正梦时，惑此舂音将为鼓响。’阿难！是人梦中岂忆静摇、开闭、通塞，其形虽寐，闻性不昏，纵汝形销，命光迁谢，此性云何为汝销灭？以诸众生从无始来，循诸色声，逐念流转，曾不开悟，性净妙常，不循所常，逐诸生灭，由是生生杂染流转；若弃生灭，守于真常，常光现前，尘根识心，应时销落，想相为尘、识情为垢二俱远离，则汝法眼，应时清明，云何不成无上知觉？”

---

① 舂：chōng，把东西放在石臼或乳钵里捣掉皮壳或捣碎。
② 遄：chuán，迅速。

(第五卷)

第三章　实修的关键：找准结元

第一节　阿难请问结元所在

阿难白佛言："世尊！如来虽说第二义门，今观世间解结之人，若不知其所结之元，我信是人终不能解。世尊！我及会中有学声闻亦复如是，从无始际与诸无明俱灭俱生，虽得如是多闻善根名为出家，犹隔日疟。唯愿大慈哀愍沦溺，今日身心云何是结？从何名解？亦令未来苦难众生，得免轮回，不落三有。"作是语已，普及大众，五体投地，雨泪翘诚，伫佛如来，无上开示。

第二节　诸佛证告：生死结根唯汝六根

尔时，世尊怜愍阿难及诸会中诸有学者，亦为未来一切众生为出世因、作将来眼，以阎浮檀紫光金手摩阿难顶，实时十方普佛世界六种振动，微尘如来住世界者各有宝光从其顶出，其光同时于彼世界来祇陀林灌如来顶，是诸大众得未曾有。于是阿难及诸大众，俱闻十方微尘如来异口同音告阿难言："善哉，阿难！汝欲识知俱生无明，使汝轮转生死结根，唯汝六根，更无他物。汝复欲知，无上菩提，令汝速登，安乐解脱，寂静妙常，亦汝六根，更非他物。"

第三节　六根为结元的原理

阿难虽闻如是法音，心犹未明，稽首白佛："云何令我生死轮回、安乐妙常，同是六根，更非他物。"佛告阿难："根尘同源，缚脱无二，识性虚妄，犹如空花。阿难！由尘发知，因根有相，相见无性，同于交芦。是故汝今，知见立知，即无明本；知见无见，斯即涅槃，无漏真净。云何是中，更容他物？"

尔时，世尊欲重宣此义，而说偈言：

真性有为空，缘生故如幻；无为无起灭，不实如空花。

言妄显诸真，妄真同二妄，犹非真非真，云何见所见？

中间无实性，是故若交芦；结解同所因，圣凡无二路。

汝观交中性，空有二俱非；迷晦即无明，发明便解脱。

解结因次第，六解一亦亡；根选择圆通，入流成正觉。

陀那微细识，习气成暴流；真非真恐迷，我常不开演。

自心取自心，非幻成幻法，不取无非幻，非幻尚不生，

幻法云何立？是名妙莲华，金刚王宝觉，如幻三摩提，

弹指超无学。此阿毗达摩，十方薄伽梵，一路涅槃门。

第四章　实修的策略：当于结心次第而解

于是阿难及诸大众，闻佛如来无上慈诲祇夜、伽陀，杂糅精莹，妙理清澈，心目开明，叹未曾有。阿难合掌顶礼白佛："我今闻佛无遮大悲，性净妙常真实法句，心犹未达，六解一亡，舒结伦次。惟垂大慈，再愍斯会及与将来，施以法音，洗涤沉垢。"

第一节　演示由巾成结

实时，如来于师子座，整涅槃僧、敛僧伽梨，揽七宝机，引手于机，取劫波罗天所奉花巾，于大众前绾成一结，示阿难言："此名何等?"

阿难大众俱白佛言："此名为结。"

于是如来绾迭花巾又成一结，重问阿难："此名何等?"

阿难大众又白佛言："此亦名结。"

如是伦次，绾迭花巾，总成六结，一一结成，皆取手中所成之结，持问阿难此名何等？阿难大众亦复如是，次第酬佛此名为结。

第二节　演示结序不可错乱

佛告阿难:“我初绾巾,汝名为结,此迭花巾,先实一条,第二第三云何汝曹复名为结?”

阿难白佛言:“世尊！此宝迭花缉绩成巾,虽本一体,如我思惟:‘如来一绾,得一结名,若百绾成,终名百结,何况此巾,只有六结,终不至七,亦不停五。’云何如来只许初时,第二第三不名为结?”

佛告阿难:“此宝花巾,汝知此巾元止一条,我六绾时名有六结,汝审观察,巾体是同,因结有异。于意云何,初绾结成,名为第一,如是乃至第六结生,吾今欲将第六结名成第一不?”

“不也,世尊！六结若存,斯第六名终非第一,纵我历生尽其明辨,如何令是六结乱名。”

第三节　开示六根如同六结

佛言:“六结不同,循顾本因,一巾所造,令其杂乱,终不得成,则汝六根,亦复如是,毕竟同中,生毕竟异。”

第四节　开示六解一亡如同解结

佛告阿难:“汝必嫌此,六结不成,愿乐一成,复云何得?”

阿难言:“此结若存,是非锋起,于中自生,此结非彼,彼结非此,如来今日,若总解除,结若不生,则无彼此,尚不名一,六云何成?”

佛言:“六解一亡,亦复如是。由汝无始,心性狂乱,知见妄发,发妄不息,劳见发尘,如劳目睛,则有狂花,于湛精明,无因乱起,一切世间山河、大地、生死、涅槃，皆即狂劳，颠倒花相。”

第五节　解结技巧一：若欲除结当于结心

阿难言：“此劳同结，云何解除？”

如来以手将所结巾偏掣其左，问阿难言：“如是解不？”

“不也，世尊！”

旋复以手偏牵右边，又问阿难：“如是解不？”

“不也，世尊！”

佛告阿难：“吾今以手左右各牵竟不能解，汝设方便，云何成解？”

阿难白佛言：“世尊！当于结心，解即分散。”

佛告阿难：“如是，如是！若欲除结，当于结心。阿难！我说佛法从因缘生，非取世间和合粗相，如来发明世出世法，知其本因随所缘出，如是乃至恒沙界外，一滴之雨亦知头数，现前种种松直、棘曲、鹄白、乌玄，皆了元由。是故，阿难！随汝心中选择六根，根结若除，尘相自灭，诸妄销亡，不真何待。

第六节　解结技巧二：次第解除不可同解

“阿难！吾今问汝，此劫波罗巾六结现前，同时解萦，得同除不？”

“不也，世尊！是结本以次第绾生，今日当须次第而解，六结同体结不同时，则结解时，云何同除？”

佛言：“六根解除，亦复如是。此根初解，先得人空，空性圆明，成法解脱，解脱法已，俱空不生，是名菩萨，从三摩地，得无生忍。”

第五章　实修经验分享：二十五圣述圆通[①]

阿难及诸大众蒙佛开示，慧觉圆通，得无疑惑。一时，合掌顶礼双足而白佛言："我等今日，身心皎然，快得无碍，虽复悟知一六亡义，然犹未达圆通本根。世尊！我辈飘零，积劫孤露，何心何虑，预佛天伦，如失乳儿忽遇慈母，若复因此际会道成，所得密言还同本悟，则与未闻无有差别。惟垂大悲惠我秘严，成就如来最后开示。"作是语已，五体投地，退藏密机，冀佛冥授。

尔时，世尊普告众中诸大菩萨及诸漏尽大阿罗汉："汝等菩萨及阿罗汉，生我法中得成无学。吾今问汝，最初发心悟十八界谁为圆通？从何方便，入三摩地？"

第一节　声尘圆通：憍陈那五比丘

[注]

1. 憍陈那五比丘；

---

① 依照《楞严经正脉疏》对二十五圆通的命名和排序。二十五圆通，除耳根圆通放在最后以彰显重要外，其他二十四圆通法门的顺序是按六尘、六根、六识、七大的顺序依次排列。仅为帮助理解，不做定论。

2. 于佛音声，闻法解脱。

憍陈那五比丘，即从座起，顶礼佛足而白佛言："我在鹿苑及于鸡园，观见如来最初成道，于佛音声，悟明四谛。佛问比丘，我初称解，如来印我，名阿若多。妙音密圆，我于音声，得阿罗汉。佛问圆通，如我所证，音声为上！"

第二节　色尘圆通：优波尼沙陀

［注］

1. 优波尼沙陀；

2. 不净观起修，白骨观增上，空色二无，成无学道。

优波尼沙陀，即从座起，顶礼佛足而白佛言："我亦观佛最初成道，观不净相，生大厌离，悟诸色性，以从不净，白骨微尘归于虚空，空色二无，成无学道，如来印我，名尼沙陀。尘色既尽，妙色密圆，我从色相，得阿罗汉。佛问圆通，如我所证，色因为上！"

第三节　香尘圆通：香严童子

［注］

1. 香严童子；

2. 观照香气来去无著。

香严童子，即从座起，顶礼佛足而白佛言："我闻如来教我谛观诸有为相。我时辞佛，宴晦清斋，见诸比丘烧沉水香，香气寂然来入鼻中，我观此气非木、非空、非烟、非火，去无所著，来无所从，由是意销，发明无漏，如来印我，得香严号。尘气倏灭，妙香密圆，我从香严，得阿罗汉。佛问圆通，如我所证，香严为上！”

第四节 味尘圆通：药王、药上、五百梵天

［注］

1. 药王、药上、五百梵天；
2. 遍尝药味达悟味性。

药王、药上二法王子，并在会中五百梵天，即从座起，顶礼佛足而白佛言：“我无始劫为世良医，口中尝此娑婆世界草木金石，名数凡有十万八千，如是悉知苦醋咸淡甘辛等味，并诸和合、俱生、变异，是冷是热、有毒无毒，悉能遍知。承事如来，了知味性非空、非有、非即身心、非离身心，分别味因，从是开悟，蒙佛如来，印我昆季药王、药上二菩萨名。今于会中，为法王子，因味觉明，位登菩萨。佛问圆通，如我所证，味因为上！”

第五节 触尘圆通：跋陀婆罗、十六开士

［注］

1. 跋陀婆罗、十六开士；
2. 触水而观“洗”性虚妄。

跋陀婆罗，并其同伴十六开士，即从座起，顶礼佛足而白佛言：“我等先于威音王佛，闻法出家，于浴僧时随例入室，忽悟水因，既

不洗尘，亦不洗体，中间安然，得无所有。宿习无忘，乃至今时，从佛出家，今得无学，彼佛名我，跋陀婆罗。妙触宣明，成佛子住。佛问圆通，如我所证，触因为上！”

第六节　法尘圆通：摩诃迦叶、紫金光比丘尼等

［注］

1. 摩诃迦叶、紫金光比丘尼等；

2. 观法尘本性空寂。

摩诃迦叶，及紫金光比丘尼等，即从座起，顶礼佛足而白佛言：“我于往劫于此界中，有佛出世，名日月灯，我得亲近闻法修学，佛灭度后供养舍利、然灯续明，以紫光金涂佛形像，自尔已来世世生生，身常圆满紫金光聚，此紫金光比丘尼者，即我眷属，同时发心，我观世间，六尘变坏，唯以空寂，修于灭尽，身心乃能度百千劫犹如弹指。我以空法，成阿罗汉。世尊说我头陀为最，妙法开明，销灭诸漏。佛问圆通，如我所证，法因为上！”

第七节　眼根圆通：阿那律陀

［注］

1. 阿那律陀；

2. 心眼发明，照明金刚三昧。

阿那律陀，即从座起，顶礼佛足而白佛言：“我初出家常乐睡

眠，如来诃我为畜生类，我闻佛诃，啼泣自责，七日不眠，失其双目，世尊示我，乐见照明金刚三昧，我不因眼，观见十方，精真洞然，如观掌果，如来印我，成阿罗汉。佛问圆通，如我所证，旋见循元，斯为第一！”

第八节　鼻根圆通：周利盘特迦

［注］

1. 周利盘特迦；

2. 观息刹那生灭而入空寂，数息观成就的代表。

周利盘特迦，即从座起，顶礼佛足而白佛言：“我缺诵持，无多闻性，最初值佛闻法出家，忆持如来一句伽陀，于一百日，得前遗后、得后遗前，佛愍我愚，教我安居，调出入息。我时观息，微细穷尽，生住异灭，诸行刹那，其心豁然，得大无碍，乃至漏尽，成阿罗汉，住佛座下，印成无学。佛问圆通，如我所证，返息循空，斯为第一！”

第九节　舌根圆通：骄梵钵提

［注］

1. 骄梵钵提；

2. 还味旋知，观舌根之知性，非体非物。

骄梵钵提，即从座起，顶礼佛足而白佛言：“我有口业，于过去劫轻弄沙门，世世生生有牛呞病，如来示我，一味清净心地法门，我得灭心，入三摩地，观味之知，非体非物，应念得超世间诸漏，内脱身心,外遗世界,远离三有,如鸟出笼,离垢销尘,法眼清净,成阿罗汉,如来亲印,登无学道。佛问圆通,如我所证,还味旋知,斯为第一!”

第十节　身根圆通:毕陵伽婆蹉

[注]

1. 毕陵伽婆蹉;
2. 身触疼痛,而悟觉性清净。

毕陵伽婆蹉,即从座起,顶礼佛足而白佛言:“我初发心从佛入道,数闻如来说诸世间不可乐事,乞食城中,心思法门,不觉路中,毒刺伤足,举身疼痛,我念有知,知此深痛,虽觉觉痛,觉清净心,无痛痛觉,我又思惟,如是一身宁有双觉?摄念未久,身心忽空,三七日中诸漏虚尽,成阿罗汉,得亲印记,发明无学。佛问圆通,如我所证,纯觉遗身,斯为第一!”

第十一节　意根圆通:须菩提

[注]

1. 须菩提;
2. 观诸相性空,空性圆明。

须菩提,即从座起,顶礼佛足而白佛言:“我旷劫来心得无碍,自忆受生如恒河沙,初在母胎即知空寂,如是乃至十方成空,亦令众生证得空性。蒙如来发,性觉真空,空性圆明,得阿罗汉,顿入如来宝明空海，同佛知见，印成无学，解脱性空，我为无上。佛问圆通，如我所证，诸相入非，非所非尽，旋法归无，斯为第一！”

第十二节　眼识圆通：舍利弗

［注］

1. 舍利弗；

2. 通达变化因缘，悟心无际，心见发光，光极而圆。

舍利弗，即从座起，顶礼佛足而白佛言：“我旷劫来心见清净，如是受生如恒河沙，世出世间种种变化，一见则通，获无障碍，我于路中逢迦叶波，兄弟相逐，宣说因缘，悟心无际，从佛出家，见觉明圆，得大无畏，成阿罗汉，为佛长子，从佛口生，从法化生。佛问圆通，如我所证，心见发光，光极知见，斯为第一！”

第十三节　耳识圆通：普贤菩萨

［注］

1. 普贤菩萨；

2. 心闻洞十方，分别圆自在。

普贤菩萨，即从座起，顶礼佛足而白佛言：“我已曾与恒沙如来为法王子，十方如来教其弟子菩萨根者，修普贤行，从我立名。世尊！我用心闻，分别众生，所有知见，若于他方恒沙界外，有一众生心中发明普贤行者，我于尔时乘六牙象，分身百千皆至其处，纵彼障深，未合见我，我与其人暗中摩顶，拥护安慰，令其成就。佛问圆通，我说本因，心闻发明，分别自在，斯为第一！”

第十四节　鼻识圆通：孙陀罗难陀

［注］

1. 孙陀罗难陀；

2. 观气白入虚净圆明，心开漏尽，照十方界。

孙陀罗难陀，即从座起，顶礼佛足而白佛言：“我初出家从佛入道，虽具戒律，于三摩提，心常散动，未获无漏。世尊教我及俱絺罗，观鼻端白，我初谛观，经三七日，见鼻中气出入如烟，身心内明圆洞世界，遍成虚净，犹如琉璃，烟相渐销，鼻息成白，心开漏尽，诸出入息化为光明，照十方界，得阿罗汉，世尊记我当得菩提。佛问圆通，我以销息，息久发明，明圆灭漏，斯为第一！”

第十五节　舌识圆通：富楼那弥多罗尼子

［注］

1. 富楼那弥多罗尼子；

2. 说法功德力销灭诸漏。

富楼那弥多罗尼子，即从座起，顶礼佛足而白佛言：“我旷劫来辩才无碍，宣说苦空，深达实相。如是乃至恒沙如来秘密法门，我于众中微妙开示，得无所畏。世尊知我有大辩才，以音声轮教我发扬，我于佛前助佛转轮，因师子吼，成阿罗汉，世尊印我，说法无上。佛问圆通，我以法音，降伏魔怨，销灭诸漏，斯为第一！”

第十六节　身识圆通：优波离

［注］

1. 优波离；

2. 因身心持戒而证寂灭自在。

优波离，即从座起，顶礼佛足而白佛言："我亲随佛，逾城出家，亲观如来六年勤苦，亲见如来降伏诸魔制诸外道，解脱世间贪欲诸漏，承佛教戒，如是乃至三千威仪、八万微细，性业、遮业，悉皆清净，身心寂灭，成阿罗汉，我是如来众中纲纪，亲印我心持戒修身众推无上。佛问圆通，我以执身，身得自在，次第执心，心得通达，然后身心，一切通利，斯为第一！"

第十七节　意识圆通：大目犍连

［注］

1. 大目犍连；

2. 于因缘深义得大通达，神通自在，心光发宣久成清莹。

大目犍连，即从座起，顶礼佛足而白佛言："我初于路乞食，逢遇优楼频螺、伽耶、那提三迦叶波，宣说如来因缘深义，我顿发心，得大通达，如来惠我袈裟着身须发自落，我游十方，得无挂碍，神通发明，推为无上，成阿罗汉。宁唯世尊，十方如来，叹我神力，圆明清净，自在无畏。佛问圆通，我以旋湛，心光发宣，如澄浊流，久成清莹，斯为第一！"

第十八节　火大圆通：乌刍瑟摩

［注］

1. 乌刍瑟摩；

2. 神光内凝，谛观暖触，化多淫心为智慧火。

乌刍瑟摩，于如来前，合掌顶礼佛之双足而白佛言："我常先忆，久远劫前，性多贪欲，有佛出世，名曰空王，说多淫人成猛火聚，教我遍观百骸四肢，诸冷暖气，神光内凝，化多淫心，成智慧火，从是诸佛皆呼召我，名为火头，我以火光三昧力故，成阿罗汉。心发大愿，诸佛成道，我为力士，亲伏魔怨。佛问圆通，我以谛观身心暖触，无碍流通，诸漏既销，生大宝焰，登无上觉，斯为第一！"

第十九节　地大圆通：持地菩萨

［注］

1. 持地菩萨；

2. 谛观身界二尘等无差别，本如来藏，尘销智圆，成无上道。

持地菩萨，即从座起，顶礼佛足而白佛言："我念往昔，普光如来出现于世，我为比丘，常于一切要路、津口、田地、险隘，有不如法，妨损车马，我皆平填，或作桥梁，或负沙土，如是勤苦，经无量佛出现于世，或有众生于阛阓[①]处，要人擎物我先为擎，至其所诣放

① 阛阓：huán huì，市区街道。

物即行，不取其直。毗舍浮佛现在世时，世多饥荒，我为负人，无问远近唯取一钱，或有车牛被于陷溺，我有神力为其推轮，拔其苦恼，时国大王筵佛设斋，我于尔时平地待佛，毗舍如来摩顶谓我：'当平心地，则世界地一切皆平。'我即心开，见身微尘与造世界所有微尘，等无差别，微尘自性，不相触摩，乃至刀兵，亦无所触，我于法性悟无生忍，成阿罗汉。回心今入菩萨位中，闻诸如来宣妙莲华，佛知见地，我先证明而为上首。佛问圆通，我以谛观，身界二尘，等无差别，本如来藏，虚妄发尘，尘销智圆，成无上道，斯为第一！"

第二十节　水大圆通：月光童子

［注］

1. 月光童子；

2. 观身中水性与世界水性等无差别，得无生忍，圆证菩提。

月光童子，即从座起，顶礼佛足而白佛言："我忆往昔恒河沙劫，有佛出世，名为水天，教诸菩萨修习水精，入三摩地，观于身中水性无夺，初从涕唾，如是穷尽津液、精血、大小便利，身中漩澓，水性一同，见水身中与世界外浮幢王刹诸香水海，等无差别。我于是时初成此观，但见其水，未得无身，当为比丘室中安禅，我有弟子窥窗观室，唯见清水遍在屋中，了无所见，童稚无知取一瓦砾投于水内，激水作声，顾盼而去，我出定后顿觉心痛，如舍利弗遭违害鬼，我自思惟：'今我已得阿罗汉道，久离病缘，云何今日忽生心痛，将无退失？'尔时，童子捷来我前，说如上事，我则告言：'汝更见水，可即开门，入此水中，除去瓦砾。'童子奉教，后入定时，还复见水，瓦砾宛然，开门除出，我后出定，身质如初，逢无量佛，如是至于山海自在通王如来，方得亡身，与十方界诸香水海，性合真空，无二无别，今于如来，得童真名，预菩萨会。佛问圆通，我以水性，一味流通，得无生忍，圆满菩提，斯为第一！”

第二十一节　风大圆通：琉璃光法王子

［注］

1. 琉璃光法王子；

2. 观风力无依，来无所从去无所止，得无生忍，洞彻无碍。

琉璃光法王子，即从座起，顶礼佛足而白佛言：“我忆往昔经恒沙劫，有佛出世，名无量声，开示菩萨，本觉妙明，观此世界及众生身，皆是妄缘，风力所转。我于尔时，观界安立、观世动时、观身动止、观心动念，诸动无二，等无差别，我时了觉，此群动性，来无所从，去无所至，十方微尘颠倒众生同一虚妄，如是乃至三千大千，一世界内所有众生，如一器中贮百蚊蚋，啾啾乱鸣，于分寸中鼓发狂闹。逢佛未几，得无生忍，尔时心开，乃见东方不动佛国，为法王子，事十方佛，身心发光，洞彻无碍。佛问圆通，我以观察风力无依，悟菩提心，入三摩地，合十方佛传一妙心，斯为第一！”

第二十二节　空大圆通：虚空藏菩萨

［注］

1. 虚空藏菩萨；

2. 谛观虚空无边，心空无二，妙力圆明，得大随顺。

虚空藏菩萨，即从座起，顶礼佛足而白佛言：“我与如来定光佛所，得无边身，尔时手执四大宝珠，照明十方，微尘佛刹化成虚空，又于自心现大圆镜，内放十种微妙宝光流灌十方，尽虚空际。诸幢王刹来入镜内，涉入我身，身同虚空，不相妨碍，身能善入微尘国土广行佛事，得大随顺。此大神力，由我谛观，四大无依，妄想生灭，虚空无二，佛国本同，于同发明，得无生忍。佛问圆通，我以观察虚空无边入三摩地，妙力圆明，斯为第一！”

第二十三节　识大圆通：弥勒菩萨

[注]

1. 弥勒菩萨；

2. 谛观十方唯识，入圆成实，获无生忍，次补佛处。

弥勒菩萨，即从座起，顶礼佛足而白佛言："我忆往昔经微尘劫，有佛出世，名日月灯明，我从彼佛而得出家，心重世名，好游族姓。尔时，世尊教我修习唯心识定，入三摩地，历劫已来以此三昧事恒沙佛，求世名心歇灭无有，至燃灯佛出现于世，我乃得成无上妙圆识心三昧，乃至尽空如来国土净秽有无，皆是我心变化所现。世尊！我了如是唯心识故，识性流出无量如来，今得授记，次补佛处。佛问圆通，我以谛观十方唯识，识心圆明，入圆成实，远离依他及遍计执，得无生忍，斯为第一！”

第二十四节　根大圆通：大势至等五十二菩萨

[注]

1. 大势至菩萨等五十二菩萨；

2. 都摄六根，忆佛念佛，净念相继，香光庄严。

大势至法王子，与其同伦五十二菩萨，即从座起，顶礼佛足而白佛言："我忆往昔恒河沙劫，有佛出世名无量光，十二如来相继一劫，其最后佛，名超日月光，彼佛教我，念佛三昧。譬如有人，一专为忆，一人专忘，如是二人，若逢不逢，或见非见，二人相忆，二忆念深，如是乃至，从生至生，同于形影，不相乖异，十方如来，怜念众生，如母忆子，若子逃逝，虽忆何为？子若忆母，如母忆时，母子历生，不相违远，若众生心，忆佛念佛，现前当来，必定见佛，去佛不远，不假方便，自得心开，如染香人，身有香气，此则名曰，香光庄严。我本因地，以念佛心，入无生忍，今于此界，摄念佛人，归于净土。佛问圆通，我无选择，都摄六根，净念相继，得三摩地，斯为第一！"

（第六卷）

第二十五节　耳根圆通

一、观音开示“耳根圆通法门”修法[①]

[注]

耳根圆通法门是《楞严经》极力倡导的主要修行法门，在本经中占有极其重要的位置。这段文字虽然不长，但是涵盖了整个耳根圆通法门的精要，包括从最初发菩提心的成佛正因，到“从闻思修入三摩地”的前期加行，以及所有步骤的正式修行。按照明代交光大师《正脉疏》的分科[②]，耳根圆通法门的正式修习可以分为六个步骤[③]：

第一步，脱动尘，主要任务解动结，对应经文“初于闻中，入流亡所”；

第二步，脱动静，主要任务解静结，对应经文“所入既寂，动静二相，了然不生”；

第三步，脱闻根，主要任务解根结，对应经文“如是渐增，闻所闻尽”；

第四步，脱觉观，主要任务解觉结，对应经文“尽闻不住，觉所觉空”；

第五步，脱重空，主要任务解空结，对应经文“空觉极圆，空所空灭”；

第六步，达成俱空不生，主要任务解灭结，对应经文“生灭既灭，寂灭现前”。

---

① 参阅附录：耳根圆通法门修习进程总表。

② 见《楞严经正脉疏》卷6。

③ 整个耳根圆通法门的解读和修习指导，详见释演觉：《论耳根圆通的修习》，硕士学位论文，闽南佛学院，2014年。

尔时，观世音菩萨，即从座起，顶礼佛足而白佛言："世尊！忆念我昔无数恒河沙劫，于时有佛出现于世，名观世音，我于彼佛，发菩提心，彼佛教我，从闻思修，入三摩地。初于闻中，入流亡所；所入既寂，动静二相，了然不生；如是渐增，闻、所闻尽；尽闻不住，觉、所觉空；空觉极圆，空、所空灭；生灭既灭，寂灭现前，忽然超越世出世间，十方圆明，获二殊胜：一者，上合十方诸佛本妙觉心，与佛如来同一慈力；二者，下合十方一切六道众生，与诸众生同一悲仰。

二、殊胜果德一：成就三十二应身

［注］

1. 大乘菩萨四摄法：布施、爱语、利行、同事；

2. 与诸众生同悲仰故，得以成就十四种无畏功德；

3. 与佛如来同慈力故，得以成就三十二应身。

列表如下：①

三十二应身							
1	佛身	9	天大将军身	17	比丘身	25	龙身
2	独觉身	10	四天王身	18	比丘尼身	26	药叉身
3	缘觉身	11	天王太子身	19	优婆塞身	27	乾闼婆身
4	声闻身	12	人王身	20	优婆夷身	28	阿修罗身
5	梵王身	13	长者身	21	女主身及国夫人	29	紧陀罗身
6	帝释身	14	居士身	22	童男身	30	摩呼罗伽身
7	自在天身	15	宰官身	23	童女身	31	人身
8	大自在天身	16	婆罗门身	24	天身	32	非人身

① 释演觉：《论耳根圆通的修习》，硕士学位论文，闽南佛学院，2014年。

“世尊！由我供养观音如来，蒙彼如来授我，如幻闻熏闻修金刚三昧，与佛如来同慈力故，令我身成三十二应，入诸国土。

1[①]. “世尊！若诸菩萨，入三摩地，进修无漏，胜解现圆，我现佛身而为说法，令其解脱；

2. 若诸有学，寂静妙明，胜妙现圆，我于彼前，现独觉身，而为说法，令其解脱；

3. 若诸有学，断十二缘，缘断胜性，胜妙现圆，我于彼前，现缘觉身，而为说法，令其解脱；

4. 若诸有学，得四谛空，修道入灭，胜性现圆，我于彼前，现声闻身，而为说法，令其解脱；

5. 若诸众生，欲心明悟，不犯欲尘，欲身清净，我于彼前，现梵王身，而为说法，令其解脱；

6. 若诸众生，欲为天主，统领诸天，我于彼前，现帝释身，而为说法，令其成就；

7. 若诸众生欲身自在游行十方，我于彼前现自在天身而为说法，令其成就；

8. 若诸众生，欲身自在，飞行虚空，我于彼前，现大自在天身，而为说法，令其成就；

9. 若诸众生，爱统鬼神，救护国土，我于彼前，现天大将军身，而为说法，令其成就；

10. 若诸众生，爱统世界，保护众生，我于彼前，现四天王身，而为说法，令其成就；

11. 若诸众生，爱生天宫，驱使鬼神，我于彼前，现四天王国太

① 此部分在经文前加上阿拉伯数字为方便陈述三十二应身，非原经文所有。后同。

子身，而为说法，令其成就；

12. 若诸众生，乐为人主，我于彼前，现人王身，而为说法，令其成就；

13. 若诸众生，爱主族姓，世间推让，我于彼前，现长者身，而为说法，令其成就；

14. 若诸众生，爱谈名言，清净其居，我于彼前，现居士身而为说法，令其成就；

15. 若诸众生，爱治国土，剖断邦邑，我于彼前，现宰官身而为说法，令其成就；

16. 若诸众生，爱诸数术，摄卫自居，我于彼前，现婆罗门身，而为说法，令其成就；

17. 若有男子，好学出家，持诸戒律，我于彼前，现比丘身，而为说法，令其成就；

18. 若有女子，好学出家，持诸禁戒，我于彼前，现比丘尼身，而为说法，令其成就；

19. 若有男子，乐持五戒，我于彼前，现优婆塞身，而为说法，令其成就；

20. 若复女子，五戒自居，我于彼前，现优婆夷身，而为说法，令其成就；

21. 若有女人，内政立身，以修家国，我于彼前，现女主身及国夫人，命妇大家，而为说法，令其成就；

22. 若有众生，不坏男根，我于彼前，现童男身，而为说法，令其成就；

23. 若有处女，爱乐处身，不求侵暴，我于彼前，现童女身，而为说法，令其成就；

24. 若有诸天，乐出天伦，我现天身，而为说法，令其成就；

25. 若有诸龙，乐出龙伦，我现龙身，而为说法，令其成就；

26. 若有药叉，乐度本伦，我于彼前，现药叉身，而为说法，令其成就；

27. 若乾闼婆乐脱其伦，我于彼前现乾闼婆身而为说法，令其成就；

28. 若阿修罗，乐脱其伦，我于彼前，现阿修罗身，而为说法，令其成就；

29. 若紧陀罗，乐脱其伦，我于彼前，现紧陀罗身，而为说法，令其成就；

30. 若摩呼罗伽，乐脱其伦，我于彼前，现摩呼罗伽身，而为说法，令其成就；

31. 若诸众生，乐人修人，我现人身，而为说法，令其成就；

32. 若诸非人，有形、无形、有想、无想，乐度其伦，我于彼前皆现其身，而为说法，令其成就。

"是名妙净三十二应入国土身，皆以三昧闻熏闻修无作妙力，自在成就。

三、殊胜果德二：成就十四种无畏功德

[注]

1. 与佛如来同慈力故，得以成就三十二应身。

2. 与诸众生同悲仰故，得以成就十四种无畏功德。

列表如下：[①]

① 释演觉：《论耳根圆通的修习》，硕士学位论文，闽南佛学院，2014 年。

十四无畏功德			
1	称名解脱	8	贼不能劫
2	火不能烧	9	远离淫欲
3	水不能溺	10	远离瞋恚
4	鬼不能害	11	永离痴暗
5	刀不能砍	12	求男得男
6	恶眼惧视	13	求女得女
7	枷锁不缚	14	持名福圆

"世尊！我复以此，闻熏闻修金刚三昧无作妙力，与诸十方三世六道一切众生同悲仰故，令诸众生于我身心，获十四种无畏功德。

1. "一者，由我不自观音以观观者，令彼十方苦恼众生，观其音声，即得解脱；

2. 二者，知见旋复，令诸众生，设入大火，火不能烧；

3. 三者，观听旋复，令诸众生，大水所漂，水不能溺；

4. 四者，断灭妄想，心无杀害，令诸众生，入诸鬼国鬼不能害；

5. 五者，熏闻成闻，六根销复，同于声听，能令众生，临当被害刀段段坏，使其兵戈犹如割水，亦如吹光，性无摇动；

6. 六者，闻熏精明，明遍法界，则诸幽暗性不能全，能令众生，药叉、罗刹、鸠盘荼鬼及毗舍遮、富单那等，虽近其傍，目不能视；

7. 七者，音性圆销，观听返入，离诸尘妄，能令众生，禁系枷锁所不能着；

8. 八者，灭音圆闻，遍生慈力，能令众生，经过崄路，贼不能劫；

9. 九者，熏闻离尘，色所不劫，能令一切多淫众生，远离贪欲；

10. 十者，纯音无尘，根境圆融，无对所对，能令一切忿恨众生，离诸嗔恚；

11. 十一者，销尘旋明，法界身心，犹如琉璃，朗彻无碍，能令一切昏钝性障诸阿颠迦，永离痴暗；

12. 十二者，融形复闻，不动道场涉入世间，不坏世界能遍十方，供养微尘诸佛如来，各各佛边为法王子，能令法界无子众生，欲求男者，诞生福德智慧之男；

13. 十三者，六根圆通，明照无二，含十方界，立大圆镜空如来藏，承顺十方微尘如来秘密法门，受领无失，能令法界无子众生，欲求女者，诞生端正福德柔顺、众人爱敬有相之女；

14. 十四者，此三千大千世界百亿日月，现住世间诸法王子，有六十二恒河沙数修法垂范，教化众生，随顺众生，方便智慧各各不同，由我所得圆通本根，发妙耳门，然后身心微妙含容，遍周法界，能令众生持我名号，与彼共持六十二恒河沙诸法王子，二人福德，正等无异。

"世尊！我一号名，与彼众多名号无异，由我修习，得真圆通。是名十四施无畏力，福备众生。

四、殊胜果德三：成就四不思议无作妙德

[注]

四不思议无作妙德，列表如下：①

① 释演觉：《论耳根圆通的修习》，硕士学位论文，闽南佛学院，2014 年。

四不思议无作妙德		
果　德		本　因
1	妙现多容，善持密咒	见闻觉知，成一圆融
2	能以无畏，施于众生	闻思脱尘，无有障碍
3	名称普闻，寻声救苦	观听圆明，遍十方界
4	有求必应，满愿自在	供养如来，佛心究竟

"世尊！我又获是圆通修证无上道故，又能善获，四不思议无作妙德。

1."一者，由我初获，妙妙闻心，心精遗闻，见闻觉知不能分隔，成一圆融清净宝觉，故我能现众多妙容，能说无边秘密神咒，其中或现一首三首五首七首九首十一首，如是乃至一百八首，千首万首八万四千烁迦啰首；二臂四臂六臂八臂十臂十二臂，十四十六十八二十至二十四，如是乃至一百八臂千臂万臂，八万四千母陀罗臂；二目三目四目九目，如是乃至一百八目千目万目，八万四千清净宝目，或慈或威或定或慧，救护众生得大自在。

2."二者，由我闻思脱出六尘，如声度垣不能为碍，故我妙能现一一形，诵一一咒，其形其咒能以无畏施诸众生，是故十方微尘国土皆名我为施无畏者。

3."三者，由我修习本妙圆通清净本根，所游世界皆令众生舍身珍宝，求我哀愍。

4."四者，我得佛心，证于究竟，能以珍宝种种供养十方如来，傍及法界六道众生，求妻得妻、求子得子、求三昧得三昧、求长寿得长寿，如是乃至求大涅槃得大涅槃。

"佛问圆通，我从耳门圆照三昧，缘心自在，因入流相，得三摩提，成就菩提，斯为第一！世尊！彼佛如来，叹我善得圆通法门，于大会中授记我为观世音号，由我观听十方圆明，故观音名，遍十方界。”

第六章　实修法门选定：耳根圆通法门

［注］

1. 此方真教体，清净在音闻；

2. 欲取三摩提，实以闻中入。

第一节　诸佛灌顶，彰显殊胜

尔时，世尊于师子座，从其五体，同放宝光，远灌十方微尘如来及法王子诸菩萨顶；彼诸如来亦于五体，同放宝光，从微尘方，来灌佛顶，并灌会中诸大菩萨及阿罗汉。林木池沼，皆演法音，交光相罗，如宝丝网，是诸大众得未曾有，一切普获金刚三昧。实时，天雨百宝莲华，青黄赤白间错纷糅，十方虚空成七宝色，此娑婆界大地山河俱时不现，唯见十方微尘国土合成一界，梵呗咏歌自然敷奏。

第二节　佛敕文殊选定最易成就法门

于是如来告文殊师利法王子："汝今观此二十五无学诸大菩萨及阿罗汉，各说最初成道方便，皆言修习真实圆通，彼等修行实无优劣、前后差别；我今欲令阿难开悟，二十五行谁当其根？兼我灭后，此界众生入菩萨乘求无上道，何方便门得易成就？”

第三节　文殊菩萨甄选耳根圆通法门

文殊师利法王子奉佛慈旨，即从座起顶礼佛足，承佛威神，说偈[①]对佛：

觉海性澄圆，圆澄觉元妙；元明照生所，所立照性亡。
迷妄有虚空，依空立世界，想澄成国土，知觉乃众生。
空生大觉中，如海一沤发，有漏微尘国，皆从空所生；
沤灭空本无，况复诸三有？
归元性无二，方便有多门。圣性无不通，顺逆皆方便；
初心入三昧，迟速不同伦。
色想结成尘，精了不能彻；如何不明彻，于是获圆通？
音声杂语言，但伊名句味；一非含一切，云何获圆通？
香以合中知，离则元无有；不恒其所觉，云何获圆通？
味性非本然，要以味时有；其觉不恒一，云何获圆通？
触以所触明，无所不明触；合离性非定，云何获圆通？
法称为内尘，凭尘必有所，能所非遍涉，云何获圆通？
见性虽洞然，明前不明后；四维亏一半，云何获圆通？
鼻息出入通，现前无交气；支离匪涉入，云何获圆通？
舌非入无端，因味生觉了；味亡了无有，云何获圆通？
身与所触同，各非圆觉观；涯量不冥会，云何获圆通？

① 本偈没有按照文字排列工整的习惯断行，而是按照文义，一句文义终了即断行以示区分。

知根杂乱思，湛了终无见；想念不可脱，云何获圆通？
识见杂三和，诘本称非相；自体先无定，云何获圆通？
心闻洞十方，生于大因力；初心不能入，云何获圆通？
鼻想本权机，只令摄心住；住成心所住，云何获圆通？
说法弄音文，开悟先成者；名句非无漏，云何获圆通？
持犯但束身，非身无所束；元非遍一切，云何获圆通？
神通本宿因，何关法分别；念缘非离物，云何获圆通？
若以地性观，坚碍非通达；有为非圣性，云何获圆通？
若以水性观，想念非真实；如如非觉观，云何获圆通？
若以火性观，厌有非真离；非初心方便，云何获圆通？
若以风性观，动寂非无对；对非无上觉，云何获圆通？
若以空性观，昏钝先非觉；无觉异菩提，云何获圆通？
若以识性观，观识非常住；存心乃虚妄，云何获圆通？
诸行是无常，念性元生灭；因果今殊感，云何获圆通？
我今白世尊：佛出娑婆界，此方真教体，清净在音闻；
欲取三摩提，实以闻中入。离苦得解脱，良哉观世音，
于恒沙劫中，入微尘佛国，得大自在力，无畏施众生。
妙音观世音，梵音海潮音，救世悉安宁，出世获常住。
我今启如来，如观音所说，譬如人静居，十方俱击鼓，
十处一时闻，此则圆真实。目非观障外，口鼻亦复然，
身以合方知，心念纷无绪；隔垣听音响，遐迩俱可闻，
五根所不齐，是则通真实。音声性动静，闻中为有无，
无声号无闻，非实闻无性；声无既无灭，声有亦非生，
生灭二圆离，是则常真实。纵令在梦想，不为不思无，
觉观出思惟，身心不能及。
今此娑婆国，声论得宣明，众生迷本闻，循声故流转；

阿难纵强记，不免落邪思，岂非随所沦，旋流获无妄。
阿难汝谛听，
我承佛威力，宣说金刚王，如幻不思议，佛母真三昧。
汝闻微尘佛，一切秘密门，欲漏不先除，畜闻成过误。
将闻持佛佛，何不自闻闻？闻非自然生，因声有名字；
旋闻与声脱，能脱欲谁名？
一根既返源，六根成解脱。
见闻如幻翳，三界若空花，闻复翳根除，尘销觉圆净。
净极光通达，寂照含虚空；却来观世间，犹如梦中事，
摩登伽在梦，谁能留汝形？
如世巧幻师，幻作诸男女，虽见诸根动，要以一机抽；
息机归寂然，诸幻成无性。
六根亦如是，元依一精明，分成六和合；一处成休复，
六用皆不成。尘垢应念销，成圆明净妙，
余尘尚诸学，明极即如来。
大众及阿难，旋汝倒闻机，反闻闻自性，性成无上道，
圆通实如是。
此是微尘佛，一路涅槃门，过去诸如来，斯门已成就；
现在诸菩萨，今各入圆明，未来修学人，当依如是法。
我亦从中证，非唯观世音。
诚如佛世尊，询我诸方便，以救诸末劫，求出世间人，
成就涅槃心，观世音为最。
自余诸方便，皆是佛威神，即事舍尘劳，非是长修学，
浅深同说法。
顶礼如来藏，无漏不思议；愿加被未来，于此门无惑，
方便易成就；堪以教阿难，及末劫沉沦，但以此根修，

圆通超余者，真实心如是。

第四节　闻法功德：普会大众皆获法眼净

于是阿难及诸大众，身心了然得大开示，观佛菩提及大涅槃，犹如有人因事远游，未得归还，明了其家，所归道路。普会大众、天龙八部、有学二乘，及诸一切新发心菩萨，其数凡有十恒河沙，皆得本心，远尘离垢，获法眼净；性比丘尼闻说偈已，成阿罗汉；无量众生皆发无等等阿耨多罗三藐三菩提心。

第七章　实修的前加行法

第一节　阿难祈请前加行法

[注]

前加行的主要功用：

1. 正因不灭：远离魔事，不退菩提心；

2. 助缘增上：从闻思修，入三摩地。

3. 入三摩地是圆通法门修行的基础条件。

阿难整衣服，望大众中合掌顶礼，心迹圆明，悲欣交集，欲益未来诸众生故，稽首白佛："大悲世尊！我今已悟，成佛法门，是中修行，得无疑惑，常闻如来，说如是言：'自未得度先度人者，菩萨发心；自觉已圆能觉他者，如来应世。'我虽未度，愿度末劫一切众生。世尊！此诸众生去佛渐远，邪师说法如恒河沙，欲摄其心入三摩地，云何令其安立道场远诸魔事，于菩提心得无退屈？"

尔时，世尊于大众中称赞阿难："善哉！善哉！如汝所问，安立道场救护众生末劫沉溺，汝今谛听，当为汝说！"阿难大众，唯然奉教。

第二节　先持四根本戒，魔事远离

[注]

1. 戒杀、盗、淫、妄之四根本戒，也叫四种清净明诲。

2. 摄心为戒，因戒生定，因定发慧，是为三无漏学。

佛告阿难："汝常闻我毗奈耶中，宣说修行三决定义，所谓摄心为戒，因戒生定，因定发慧。是则名为三无漏学。

一、戒淫：第一决定清净明诲

"阿难！云何摄心，我名为戒？若诸世界六道众生，其心不淫，则不随其生死相续。汝修三昧，本出尘劳，淫心不除，尘不可出，纵有多智，禅定现前，如不断淫，必落魔道，上品魔王、中品魔民、下品魔女，彼等诸魔亦有徒众，各各自谓成无上道。我灭度后末法之中，多此魔民，炽盛世间，广行贪淫，为善知识，令诸众生落爱见坑，失菩提路。汝教世人，修三摩地，先断心淫，是名如来先佛世尊，第一决定清净明诲。

"是故阿难！若不断淫，修禅定者，如蒸沙石，欲其成饭，经百千劫，只名热沙。何以故？此非饭本，石沙成故。汝以淫身求佛妙果，纵得妙悟，皆是淫根。根本成淫，轮转三途，必不能出，如来涅槃，何路修证？必使淫机，身心俱断，断性亦无，于佛菩提，斯可希冀。如我此说，名为佛说；不如此说，即波旬说。

二、戒杀：第二决定清净明诲

"阿难！又诸世界六道众生，其心不杀，则不随其生死相续。

汝修三昧，本出尘劳，杀心不除，尘不可出，纵有多智，禅定现前，如不断杀，必落神道，上品之人为大力鬼，中品即为飞行夜叉诸鬼帅等，下品当为地行罗刹，彼诸鬼神亦有徒众，各各自谓成无上道。我灭度后末法之中，多此神鬼炽盛世间，自言食肉得菩提路。阿难！我令比丘食五净肉，此肉皆我神力化生，本无命根。汝婆罗门，地多蒸湿，加以沙石，草菜不生。我以大悲神力所加，因大慈悲假名为肉，汝得其味，奈何如来灭度之后，食众生肉名为释子？汝等当知，是食肉人，纵得心开似三摩地，皆大罗刹，报终必沉生死苦海，非佛弟子，如是之人相杀、相吞、相食未已，云何是人得出三界？汝教世人，修三摩地，次断杀生，是名如来先佛世尊，第二决定清净明诲。

“是故阿难！若不断杀，修禅定者，譬如有人自塞其耳，高声大叫，求人不闻，此等名为欲隐弥露。清净比丘及诸菩萨，于岐路行不踏生草，况以手拔；云何大悲取诸众生血肉充食？若诸比丘不服东方丝绵绢帛，及是此土靴履裘毳乳酪醍醐，如是比丘于世真脱，酬还宿债，不游三界。何以故？服其身分，皆为彼缘，如人食其地中百谷，足不离地；必使身心于诸众生，若身、身分。身心二途不服不食，我说是人，真解脱者。如我此说，名为佛说；不如此说，即波旬说。

三、戒偷：第三决定清净明诲

“阿难！又复世界六道众生，其心不偷，则不随其生死相续。汝修三昧，本出尘劳，偷心不除，尘不可出，纵有多智，禅定现前，如不断偷，必落邪道，上品精灵、中品妖魅、下品邪人，诸魅所著，彼等群邪亦有徒众，各各自谓成无上道。我灭度后末法之中，多此妖邪炽盛世间，潜匿奸欺，称善知识，各自谓已得上人法，詃[①]惑无识，恐令失心，所过之处，其家耗散。我教比丘，循方乞食，令其舍贪成菩萨道，诸比丘等，不自熟食，寄于残生，旅泊三界，示一往还，去已无返；云何贼人，假我衣服，裨贩如来，造种种业，皆言佛法，却非出家，具戒比丘为小乘道？由是疑误无量众生堕无间狱。若我灭后，其有比丘，发心决定修三摩提，能于如来形像之前，身然一灯、烧一指节，及于身上爇一香炷，我说是人，无始宿债一时酬毕，长揖世间，永脱诸漏，虽未即明无上觉路，是人于法已决定心。若不为此舍身微因，纵成无为，必还生人，酬其宿债，如我马麦，正等无异。汝教世人，修三摩地，后断偷盗，是名如来先佛世尊，第三决定清净明诲。

"是故阿难！若不断偷，修禅定者，譬如有人，水灌漏卮[②]，欲求其满，纵经尘劫，终无平复。若诸比丘，衣钵之余分寸不畜，乞食余分施饿众生，于大集会合掌礼众，有人捶骂同于称赞，必使身心二俱捐舍，身肉骨血与众生共，不将如来不了义说回为已解，以误初学，佛印是人，得真三昧。如我所说，名为佛说；不如此说，即波旬说。

四、戒大妄语：第四决定清净明诲

"阿难！如是世界六道众生，虽则身心，无杀盗淫，三行已圆；若大妄语，即三摩提不得清净，成爱见魔，失如来种。所谓未得谓得、未证言证，或求世间尊胜第一，谓前人言：'我今已得须陀洹果、斯陀含果、阿那含果，阿罗汉道、辟支佛乘、十地、地前诸位菩萨。'求彼礼忏，贪其供养，是一颠迦[③]，销灭佛种，如人以刀断多罗木，

① 詃：juǎn，诱骗。
② 卮：zhī，古代酒器。
③ 颠迦：意为"阐提"。

佛记是人，永殒善根，无复知见，沉三苦海，不成三昧。我灭度后，敕诸菩萨及阿罗汉，应身生彼末法之中，作种种形度诸轮转，或作沙门、白衣居士、人王、宰官、童男、童女，如是乃至淫女、寡妇、奸偷、屠贩，与其同事，称叹佛乘，令其身心入三摩地，终不自言我真菩萨、真阿罗汉，泄佛密因，轻言未学，唯除命终，阴有遗付。云何是人惑乱众生，成大妄语？汝教世人修三摩地，后复断除诸大妄语，是名如来先佛世尊，第四决定清净明海。

“是故阿难！若不断其大妄语者，如刻人粪为栴檀形，欲求香气，无有是处。我教比丘，直心道场，于四威仪一切行中，尚无虚假，云何自称得上人法？譬如穷人妄号帝王，自取诛灭，况复法王，如何妄窃？因地不直，果招纡曲，求佛菩提，如噬脐人，欲谁成就？若诸比丘，心如直弦，一切真实，入三摩提，永无魔事，我印是人，成就菩萨，无上知觉。如我是说，名为佛说；不如此说，即波旬说。”

（第七卷）

第三节　次持楞严神咒，灭除宿习

“阿难！汝问摄心，我今先说入三摩地修学妙门。求菩萨道，要先持此四种律仪，皎如冰霜，自不能生一切枝叶，心三口四，生必无因。阿难！如是四事，若不失遗，心尚不缘色香味触，一切魔事云何发生？

“若有宿习不能灭除，汝教是人，一心诵我佛顶光明摩诃萨怛多般怛啰无上神咒，斯是如来无见顶相，无为心佛，从顶发辉，坐宝莲华，所说心咒，且汝宿世与摩登伽历劫因缘，恩爱习气非是一生及与一劫；我一宣扬，爱心永脱，成阿罗汉。彼尚淫女，无心修行，神力冥资，速证无学；云何汝等在会声闻，求最上乘决定成佛？譬如以尘扬于顺风，有何艰险？

第四节　再建楞严坛场，求佛灌顶开悟

［注］

1. 先择清净戒师，成就清净律仪；

2. 净衣燃香闲居，诵楞严密咒一百零八遍；

3. 然后如法结界，建楞严坛场；

4. 楞严坛场建成后，于坛场内连续行三个“楞严七”；

5. 楞严七基本要求：

1）着新净衣，出入澡浴；

2）严持戒律，内心清净；

3）于道场中恒发菩提愿，祈请十方诸佛灌顶加持；

4）六时行道，不眠不寐。

"若有末世欲坐道场，先持比丘清净禁戒，要当选择戒清净者第一沙门，以为其师，若其不遇真清净僧，汝戒律仪必不成就，戒成已后，着新净衣，燃香闲居，诵此心佛所说神咒一百八遍，然后结界建立道场，求于十方现住国土无上如来，放大悲光来灌其顶。阿难！如是末世清净比丘、若比丘尼、白衣檀越，心灭贪淫，持佛净戒，于道场中发菩萨愿，出入澡浴，六时行道，如是不寐，经三七日，我自现身至其人前，摩顶安慰，令其开悟。"

第五节　楞严坛场的建造方法

[注]

1. 坛场泥地：

先取雪山大力白牛的香粪，和合栴檀，以泥其地；或者，在平原地皮五尺以下，取黄土，和上栴檀、沉水、苏合、熏陆、郁金、白胶、青木、零陵、甘松及鸡舌香，以此十种，细罗为粉，合土成泥，以涂场地。

2. 坛场中心设八角坛：

设八角坛，方圆丈六。坛心置一金、银、铜、木所造莲花，花中安钵，钵中先盛八月露水，水中随安所有花叶。取八圆镜，各安其方，围绕花钵。

3. 设八角坛外十六莲花、香炉：

镜外建立十六莲花、十六香炉，间花铺设，庄严香炉。纯烧沉水，无令见火。

4. 设莲花外十六供奉器食：

1）取白牛乳，置十六器，于莲花外。

2）煎乳成饼，加上沙糖、油饼、乳糜、酥合、蜜、姜、纯酥、纯蜜及诸果子、饮食、葡萄、石蜜，种种上妙等食，然后分盛于十六器中，以奉诸佛及大菩萨。

5. 供奉佛像：

1）坛中的正位向阳处，悬挂毗卢遮那佛、释迦佛、弥勒佛、阿閦佛、阿弥陀佛。以及观世音菩萨种种示现、种种变化的形象，并以金刚藏菩萨安置左右两边。

2）再将忉利天王、梵天王、火头金刚、青面金刚、军荼利金刚（解怨结金刚）与毗俱胝印三目金刚，以及持国天王、增长天王、广目天王、多闻多王、频那（即猪头使者）、夜伽（即象鼻使者）等形象，挂在坛场正门两侧，分左右排列安置。

3）坛场外面的四周，悬挂各色幡华。

4）坛室中间四壁，则悬挂十方如来及诸菩萨圣像。

6. 设外八镜与内八镜相对：

再用八面圆镜，凌空盖下，与坛中之八个圆镜，彼此相对，使其形影，交相互照，重重不尽。

阿难白佛言："世尊！我蒙如来无上悲诲，心已开悟，自知修证无学道成；末法修行建立道场，云何结界合佛世尊清净轨则？"

佛告阿难："若末世人愿立道场，先取雪山大力白牛，食其山中肥腻香草，此牛唯饮雪山清水，其粪微细，可取其粪和合栴檀以泥其地；若非雪山其牛臭秽不堪涂地，别于平原穿去地皮五尺以下，取其黄土和上栴檀、沉水、苏合、熏陆、郁金、白胶、青木、零陵、甘松及鸡舌香，以此十种细罗为粉，合土成泥，以涂场地。方圆丈六为八角坛，坛心置一金、银、铜、木所造莲华，华中安钵，钵中先盛八月露水，水中随安所有华叶。取八圆镜，各安其方，围绕花钵。镜外建立十六莲华、十六香炉，间花铺设，庄严香炉。纯烧沉水，无令见火。取白牛乳，置十六器，乳为煎饼，并诸沙糖、油饼、乳糜、酥合、蜜、姜、纯酥、纯蜜及诸果子、饮食、葡萄、石蜜，种种上妙等食，于莲华外各各十六围绕华外，以奉诸佛及大菩萨，每以食时；若在中夜，取蜜半升用酥三合，坛前别安一小火炉，以兜楼婆香煎取香水，沐浴其炭然令猛炽，投是酥蜜于炎炉内，烧令烟尽飨佛菩萨。令其四外遍悬幡华，于坛室中四壁敷设十方如来及诸菩萨所有形像；应于当阳张卢舍那、释迦、弥勒、阿閦、弥陀；诸大变化观音形像兼金刚藏，安其左右；帝释梵王、乌刍瑟摩，并蓝地迦诸军荼利、与毗俱知、四天王等频那夜迦，张于门侧左右安置。又取八镜覆悬虚空，与坛场中所安之镜方面相对，使其形影重重相涉。

第六节　楞严三七加百日的行持方法

［注］

1. 头七：

1）至诚顶礼诸佛菩萨；

2）六时持咒绕坛，每天至少一百零八遍。

2. 二七：于佛前至诚发菩提愿，心不间断，如阿弥陀佛因地发愿一般。

3. 三七：若行若坐，专意诵持楞严神咒，无有间断。

4. 四七及以后百日：

1）若三七功德圆满成就，进入四七日之时，十方如来必来摩顶加持；

2）蒙佛摩顶后，即可端坐安居，入三摩地；

3）若三摩地成就，利根行者不起于座证须陀洹果，钝根行者若不能证果，也是法眼顿开，自知成佛不谬。

"于初七日中，至诚顶礼十方如来、诸大菩萨及阿罗汉，恒于六时诵咒绕坛，至心行道，一时常行一百八遍；第二七中，一向专心发菩萨愿，心无间断，我毗奈耶，先有愿教；第三七中，于十二时一向持佛般怛罗咒；至第四七日，十方如来一时出现镜交光处，承佛摩顶，即于道场修三摩地，能令如是末世修学，身心明净，犹如琉璃。阿难！若此比丘，本受戒师及同会中十比丘等，其中有一不清净者，如是道场多不成就。从三七后，端坐安居经一百日，有利根者，不起于座得须陀洹，纵其身心圣果未成，决定自知，成佛不谬。汝问道场，建立如是。"

第七节　佛陀重宣楞严神咒

阿难顶礼佛足而白佛言："自我出家恃佛憍爱，求多闻故，未证无为，遭彼梵天邪术所禁，心虽明了，力不自由，赖遇文殊，令我解脱，虽蒙如来佛顶神咒，冥获其力，尚未亲闻，唯愿大慈，重为宣说，悲救此会诸修行辈，末及当来在轮回者，承佛密音，身意解脱。"于时，会中一切大众普皆作礼，伫闻如来秘密章句。

尔时，世尊从肉髻中涌百宝光，光中涌出千叶宝莲，有化如来坐宝华中，顶放十道百宝光明，一一光明皆遍示现，十恒河沙金刚密迹，擎山持杵，遍虚空界，大众仰观，畏爱兼抱，求佛哀祐，一心听佛，无见顶相放光如来，宣说神咒。

◎南牟薩怛他蘇伽哆耶(歸命一切諸佛)(一)　阿囉訶帝三藐三菩陀耶(歸命一切如來應正等覺)(二)　娜牟薩婆勃陀(敬禮一切諸佛)(三)　勃地薩哆吠弊(歸命菩薩)(毘唧反)(四)　娜牟颯哆喃三藐三菩陀俱胝喃(敬禮正遍知)(五)　薩失囉(引)皤(去)迦僧伽喃(敬禮辟支佛及四果人)(六)　娜牟嚧雞阿囉喝哆喃(歸命

羅漢等眾)(七) 娜牟蘇嚕哆半那喃(八) 娜牟塞羯唎(二合)陀(引)伽(輕去)彌喃(敬禮斯陀含阿那含眾)(九) 娜牟盧鶏三藐伽哆喃(敬禮過去未來)(十) 娜牟三藐鉢囉(二合)底半那(去)喃(十一) 娜牟提婆唎史喃(敬禮三十三天及一切諸仙天等)(十二) 娜牟微悉陀耶微(入聲呼)地也(二合)陀囉喃(敬禮呪仙)(十三) 娜牟悉陀微地也(二合)陀囉嘌史喃(敬禮持呪成就仙人)(十四) 舍波(去)拏揭囉訶娑訶摩囉陀(二合)喃(攝惡作善)(十五) 娜牟皤囉(二合)訶摩(二合)遲(歸命梵天)(十六) 娜牟因(去)陀囉(二合)耶(歸命帝釋)(十七) 娜牟婆伽嚩帝(歸命世尊)(十八) 嚕陀囉(二合)(引)耶(大自在天)(十九) 烏摩鉢底(天后)娑醯夜耶(及眷屬等)(二十) 娜牟婆伽筏(蒱末反)帝(世尊)(二十一) 那囉延拏耶(地祇眾)(二十二) 半遮摩訶沒陀囉(大印)(二十三) 娜牟塞訖哩(二合)多耶(頂禮世尊)(二十四) 娜牟婆伽(上呼)筏帝摩訶迦囉耶(大黑天神)(二十五) 底哩(二合)補囉那伽(上)囉(城)(二十六) 毘陀囉皤拏迦囉耶(破壞)(二十七) 阿底目多迦尸摩舍那縛悉遲(尸陀林中)(二十八) 摩怛唎(二合)伽拏(鬼神眾)(二十九) 娜牟塞訖唎多耶(三十) 娜牟婆伽筏帝(舊)怛他揭多俱囉耶(如來族)(三十一) 娜牟鉢頭摩(二合)俱囉耶(歸命蓮華族菩薩等)(三十二) 娜牟筏折囉俱囉(半音用,同下)耶(歸命金剛族)(三十三) 娜牟摩尼俱囉耶(歸命寶族)(三十四) 娜牟伽(上)闍俱囉耶(歸命眾族)(三十五) 娜牟婆伽筏帝(三十六) 地唎(二合)荼輪囉哂那(三十七) 鉢囉(二合)訶囉拏囉(引)闍耶(大猛將各持器仗入)(三十八) 怛他揭多耶(如來)(三十九) 娜牟婆伽筏帝(四十) 阿彌陀(引)婆(引)耶(無量壽佛)(四十一) 怛他揭多耶(四十二) 阿囉訶帝三藐三菩陀耶(應等正覺)(四十三) 娜牟婆伽筏帝(四十四) 阿芻鞞也(阿閦如來)(四十五)

怛他揭多耶(四十六)　阿羅訶帝三藐三菩陀耶(四十七)　娜牟婆伽筏帝(四十八)　毘沙闍俱嚕(二合)吠蹠璃唎耶(藥師如來)(四十九)　鉢囉(二合)婆囉(引)闍耶(光王)(五十)　怛他揭多耶(五十一)　阿囉訶帝三藐三菩陀耶(五十二)　娜牟婆伽筏帝(五十三)　三布瑟畢多娑囉囉(引)闍夜(娑羅花王)(五十四)　怛他揭多耶(五十五)　阿囉訶帝三藐三菩陀(引)耶(五十六)　娜牟婆伽筏帝(五十七)　舍枳也(二合)母娜曳(釋迦牟尼佛)(五十八)　怛他揭多耶(五十九)　阿囉訶帝三藐三菩陀(引)耶(六十)　娜牟婆伽筏帝(六十一)　囉怛那俱蘇摩(寶花)(六十二)　鶏都囉(引)闍耶(寶幢王如來)(六十三)　怛他揭多耶(六十四)　阿羅訶帝三藐三菩陀(引)耶帝瓢(六十五)　娜牟塞訖哩(二合)多皤翳摩含婆伽筏多(六十六)　薩怛他揭都烏瑟尼衫(如來佛頂)(六十七)　悉怛多(引)鉢怛嚂(二合)(華蓋)(六十八)　娜牟阿波(引)囉支單(半音)(敬禮是辰勝)(六十九)　鉢羅登(登甑反)擬(擬異反)囉(七十)　薩嚩部多揭囉(二合)訶迦囉尼(一切神眾作罰)(七十一)　波囉微(入)地也(二合)掣(車曳反)陀(輕呼)儞(能斷他呪)(七十二)　阿哥(引)囉(輕呼)微哩(入)(二合)駐(横死)(七十三)　波唎怛囉耶(引)那揭唎(救取)(七十四)　薩嚩畔陀那愲乞叉那迦唎(一切縛禁解脫)(七十五)　薩嚩突瑟吒(二合)(除一切惡)(七十六)(上)　突莎般那儞縛囉尼(惡夢)(七十七)　者都囉(引)室底喃(八萬四千眾神)(七十八)　揭囉訶娑訶娑囉(引)喃(七十九)　微陀防娑(引)那羯哩(打破)(八十)　阿瑟吒氷設底喃(去聲呼)(八十一)(呼皆同)　諾刹怛囉喃(八十二)　鉢囉(二合)娑(引)陀那羯哩(正行)阿瑟吒(二合)喃(八十三)　摩訶揭囉訶喃(辰)(八十四)　微陀防(二合)薩那羯哩(打破)(八十五)　薩嚩舍都嚕(二合)儞嚩囉尼(除一切惡)(八十六)　巨(去)囉喃(八十七)　突室

乏(二合)鉢那難遮那舍尼(除却嚴惡)(八十八)　毘沙設薩怛囉(器仗)(八十九)　阿祁尼(火)(九十)　烏陀迦囉尼(水)(九十一)阿波(引)囉視多具囉(苻能勝嚴)(九十二)　摩訶跋囉戰拏(大力嗔怒)(九十三)　摩訶提哆(火天)(九十四)　摩訶帝闍(大滅)(九十五)　摩訶稅尾(二合)多(太白)(九十六)　什伐(二合)囉(光焰)(九十七)　摩訶跋囉(大力)(九十八)　半荼囉嚩(引)悉儞(白拂)(九十九)　阿唎耶多囉(聖者)(一百)　毘哩(二合)俱知制嚩毘闍耶(最勝菩薩)(百一)　筏折囉(二合)摩禮底毘輪嚕多(摧碎金剛)(百二)　鉢踏罔迦(降伏)(百三)　跋折囉兒(熾曳反)訶縛者(金剛力士)(百四)　摩囉制縛(隨一逐)(百五)　般囉室多(金剛神杵)(百六)　跋折(時熱反)(上)囉(二合)檀持(金剛神杵)(百七)　毘舍羅摩遮(天神力士)(百八)　扇多舍毘提嚩布室哆蘇摩嚕波(參辰日月天子及二十八宿)(百九)　摩訶(引)稅尾(二合)多(引)(太白星)(百十)　阿哩耶多羅(百十一)　摩訶(引)跋囉阿波囉(百十二)　跋折囉(二合)商羯囉制婆(金剛連鎖)(百十三)　怛他(天可反)跋折囉俱摩唎迦(金剛童女)(百十四)　俱噬(盧紺反)吔唎(金剛童子)(百十五)　跋折囉訶薩哆者(二合)(金剛手)(百十六)　微地也(大明呪藏)(百十七)　乾遮那摩(引)唎迦(四天王太子)(百十八)　俱蘇婆喝囉怛囉怛那(百十九)　毘嚕遮耶那俱唎耶(百二十)　韜淡(吐炎)夜囉烏瑟尼(二合)沙(佛頂)(百二十一)　毘折藍婆摩邏遮(羅刹神女)(百二十二)　跋折囉(二合)迦那迦(金剛使者)(百二十三)　鉢囉(二合)婆咤(去)遮那(蓬華神眾)(百二十四)　跋折囉(二合)敦尼遮(金剛擎山)(百二十五)稅尾多遮迦摩(引)囉(引)乞叉(二合)(百二十六)　舍施鉢囉(二合)婆翳帝夷帝(如是等)(百二十七)　母(引)陀囉(二合)尼揭拏(眾印可)(百二十八)　娑吠囉乞㘕(二合)(一切護我)(百二十九)

俱囉飯(二合)都印兔那麼麼(某乙稱名)那寫(誦呪者但至此語皆自稱名)(百三十)　嗚吽(二合)牟哩(二合)瑟揭(二合)(渠羯反)(皆同)拏(仙眾)(百三十一)　鉢囉(二合)舍(引)薩多(善相)(百三十二)　薩怛他揭都(一切如來)(百三十三)　烏瑟尼沙(百三十四)　呼吽(二合)咄嚕吽(三合)(警誤)(百三十五)　瞻婆那(押領)(百三十六)　呼吽(二合)咄嚕吽(三合)(百三十七)　薩耽婆那(鎮守)(百三十八)　呼吽(二合)咄嚕吽(三合)(百三十九)　婆囉微地也三婆乞叉那囉(百四十)　呼吽(二合)咄嚕吽(三合)(百四十一)　薩婆部瑟吒喃(百四十二)　塞曇婆那羯囉(喫却他呪)(百四十三)　呼吽(二合)咄嚕吽(三合)(百四十四)　薩嚩藥叉(勇猛)(百四十五)　喝囉(引)剎娑揭囉訶喃(百四十六)　毘陀防娑那羯囉(打破)(百四十七)　呼吽(二合)咄嚕吽(三合)(百四十八)　者都羅尸底喃(百四十九)　揭囉訶娑囉喃(八萬四千神王眾)(百五十)　毘陀防娑那羯囉(百五十一)　呼吽(二合)咄嚕吽(三合)(百五十二)　阿瑟吒微(二合)摩舍帝喃(上)(百五十三)
那佉(上)沙怛囉喃(上)(百五十四)　婆囉摩馱那伽囉(百五十五)
呼吽(二合)咄嚕吽(三合)(百五十六)　囉剎囉剎(護一切諸佛菩薩金剛天仙皆護)(百五十七)　薄伽梵(佛)(百五十八)　薩怛他揭都烏瑟尼沙(佛頂)(百五十九)　鉢囉登擬哩(百六十)　摩訶薩訶薩囉部兒(千臂大神)(百六十一)　娑訶薩囉室矖(千頭神)(百六十二)　俱胝舍多娑訶薩囉寧怛隸(百千眼神)(百六十三)　阿弊地也什嚩哩多那吒迦(百六十四)　摩訶跋折嚕陀(引)囉(大輪金剛)(百六十五)　帝哩菩嚩那(三世)(百六十六)　曼茶囉(檀場)(白六十七)　嗚吽莎悉底(百六十八)　薄婆都(與我平等)(百六十九)　印兔麼麼(某乙)(百七十)　囉闍婆夜(王難)(百七十一)　主囉婆夜(賊難)(百七十二)　阿祇尼婆夜(火難)(百七十

三） 烏陀迦婆夜（水難）（百七十四） 吠沙婆夜（毒難）（百七十五） 舍薩多囉婆夜（刀仗難）（百七十六） 波囉斫羯囉婆夜（兵難）（百七十七） 突嘌叉婆夜（穀貴飢饉難）（百七十八） 阿舍儞婆夜（雹難）（百七十九） 阿迦囉沒嘌（利吉反）駐婆夜（掩死難）（百八十） 阿陀囉尼部彌劍波（總持地動）（百八十一） 伽波哆婆夜（險難）（百八十二） 烏囉囉迦波多婆夜（道路難）（百八十三） 囉闍彈茶婆夜（王刑罰難）（百八十四） 那（上）伽婆夜（龍怖難）（百八十五） 微地揄婆夜（閃電難）（百八十六） 蘇跋嘌尼婆夜（金狘鳥難）（百八十七） 藥叉揭囉訶（百八十八） 羅剎娑揭囉訶（百八十九） 畢唎哆揭囉（二合）訶（餓鬼難）（百九十） 毘舍（上）遮揭囉訶（廁神）（百九十一） 部多揭囉（二合）訶（神鬼眾）（百九十二） 鳩槃茶揭囉訶（守宮婦女鬼）（一百九十三） 布單那揭囉（二合）訶（魄鬼）（百九十四） 羯吒布單那揭囉（二合）訶（奇魄鬼）（一百九十五） 塞揵陀揭囉訶（鳩摩羅童天子）（百九十六） 阿婆娑摩囉揭囉（二合）訶（羊頭鬼）（百九十七） 烏檀摩陀揭囉（二合）訶（熱鬼）（百九十八） 車耶揭囉（二合）訶（影鬼）（百九十九） 梨婆底揭囉訶（陰謀鬼）（二百） 闍底訶哩泥（食初產鬼）（二百一） 羯囉婆訶哩逕（食懷孕鬼）（二百二） 嚧地囉訶哩泥（食血鬼）（二百三） 芒娑訶哩泥（食肉鬼）（二百四） 計陀訶哩泥（食脂鬼）（二百五） 摩闍訶哩（輕呼）（去聲）泥（食髓鬼）（二百六） 闍多訶哩泥（食氣鬼）（二百七） 視吠哆訶哩泥（食壽命鬼）（二百八） 婆多訶哩泥（食風鬼）（二百九） 皤多訶哩喃阿輸遮訶哩泥（食不淨鬼）（二百一十） 質多訶哩泥（食心鬼）（二百十一）帝衫薩毘衫（如是等眾）（二百十二） 薩嚩揭囉訶喃（一切執祖鬼）（二百十三） 毘地也（明呪藏）（二百十四） 嗔陀夜彌（斬伐罪者）（二百十五） 枳囉夜彌（二百十六） 波哩跋囉斫迦羅（外道）（二百十七） 訖哩

(離枳反)(上)擔微地也(明呪藏)(二百十八)　嗔陀夜彌(二百十九)　枳囉夜彌(捕罰)(二百二十)　茶枳尼(狐魅鬼)(二百二十一)　訖哩擔微地也(明呪)(二百二十二)　嗔陀夜彌枳囉夜彌(二百二十三)　摩訶鉢輸鉢底夜(二百二十四)　嚕陀囉(大自在天)(二百二十五)　訖哩耽微地也(明呪)(二百二十六)　嗔陀夜彌枳羅夜彌(二百二十七)　那囉耶拏耶(天神)(二百二十八)　訖哩耽微地也(明呪)(二百二十九)　嗔陀夜彌枳囉夜彌(二百三十)　怛怛嚩伽(上)嚕茶(金翅鳥王)(二百三十一)　訖哩耽微地也(二百三十二)　嗔陀夜彌枳羅夜彌(二百三十三)　摩訶迦羅(大黑天神)(二百三十四)　摩怛囉伽拏訖哩(離枳反)(上)耽微地也(二百三十五)　嗔陀夜彌枳羅夜彌(二百三十六)　迦波哩迦(髑髏外道)(二百三十七)　訖哩耽微地也(二百三十八)　嗔陀夜彌枳囉夜彌(二百三十九)　闍夜羯囉(二百四十)　曼度羯囉(二百四十一)　薩婆囉他娑達儞(持一切物)(二百四十二)　訖哩耽微地也(二百四十三)　嗔陀夜彌枳囉夜彌(二百四十四)　者都㗚(利吉反)薄祁儞(姊妹神女)(二百四十五)　訖哩耽微地也(二百四十六)　嗔陀夜彌(二百四十七)　枳囉夜彌(二百四十八)　濕(去)儀哩知(鬪戰勝神并器仗)(二百四十九)　難泥(外道)雞首婆囉(孔雀王器仗)(二百五十)　伽那鉢底(毘那夜迦王)(二百五十一)娑醯夜(野叉王兄弟三人各領二十八萬眾)(二百五十二)　訖哩耽微地也(二百五十三)　嗔陀夜彌(二百五十四)　枳囉夜彌(二百五十五)　那延那室囉(引)婆拏(裸形外道)(二百五十六)　訖哩(離吉反)(皆同)耽微地也(二百五十七)　嗔陀夜彌(二百五十八)枳囉夜彌(二百五十九)　阿囉訶多(羅漢)(二百六十)　訖哩耽微地也(二百六十一)　嗔陀夜彌(二百六十二)　枳囉夜彌(二百六十三)　微怛(多音)囉(引)迦(起尸鬼)(二百六十四)　訖哩耽微

地也（二百六十五） 嗔陀夜彌（二百六十六） 枳囉夜彌（二百六十七） 跋折（時熱反）囉波儞（執金剛神）（二百六十八） 跋折囉婆（重呼）尼（二百六十九） 具醯夜迦（密跡力士）（二百七十） 地鉢底（總管）（二百七十一） 訖哩耽微地也（二百七十二） 嗔陀夜彌枳羅夜彌（二百七十三） 囉叉囉叉罔（一切諸佛菩薩天仙龍神方護）（二百七十四） 薄伽梵（佛）（二百七十五） 印兔那麼麼那寫（某乙寫）（二百七十六） 婆伽梵薩怛他揭都烏瑟尼沙（二百七十七） 悉怛多鉢怛囉（華蓋）（二百七十八） 南無𠰒（上）都（上）羝（頂禮）（二百七十九） 阿悉多那（引）囉（引）囉迦（白光分明）（二百八十） 鉢囉婆毘薩普吒（二百八十一） 毘迦悉怛多（二百八十二） 鉢底哩（二百八十三） 什嚩囉什嚩囉（光焰）（二百八十四） 陀囉陀囉（二百八十五） 頻陀囉頻陀囉（二百八十六） 嗔陀嗔陀（二百八十七） 含吽含吽（二百八十八） 泮泮泮（二百八十九） 泮吒泮吒（二百九十） 莎皤訶（二百九十一） 醯醯泮（二百九十二） 阿牟伽耶泮（不空大使）（二百九十三） 阿鉢囉底訶多泮（無障礙）（二百九十四） 皤囉鉢囉（二合）陀泮（與願）（二百九十五） 阿素囉毘陀囉皤迦泮（修羅破壞）（二百九十六） 薩皤提吠弊泮（一切天神）（二百九十七） 薩皤那那伽弊泮（一切龍眾）（二百九十八） 薩皤藥叉弊泮（一切勇鬼神）（二百九十九） 薩皤乾闥婆弊泮（一切音樂神）（三百） 薩皤阿素囉弊泮（三百一） 薩皤揭嚕茶弊泮（三百二） 薩皤緊那羅弊泮（三百三） 薩皤摩護囉伽弊泮（三百四） 薩皤囉刹莎弊泮（三百五） 薩皤摩努曬弊泮（三百六） 薩皤阿摩努曬弊泮（三百七） 薩皤布單那弊泮（三百八） 薩皤迦吒布丹那弊泮（三百九） 薩皤突蘭枳帝弊泮（一切難過）（三百十） 薩皤突瑟吒畢哩乞史帝弊泮（一切難）（三百十一） 薩皤什皤梨弊泮（一切瘧壯熱）（三百十二） 薩皤阿波薩麼嚟弊泮

(一切外道出)(三百十三)　薩婆奢羅皤拏弊泮(三百十四)　薩囌底嘌耻雞弊泮(三百十五)　薩菩怛波提弊泮(一切鬼惡)(三百十六)　薩皤微地也囉誓遮黎弊泮(一切持呪博士等)(三百十七)　闍耶羯囉摩度羯囉(三百十八)　薩婆囉他娑陀雞弊泮(一切物呪博士)(三百十九)　微地也遮唎曳弊泮(三百二十)　者咄囉南薄祁儞弊泮(四姊妹神女)(三百二十一)　跋折囉俱摩唎迦弊泮(金剛童子)(三百二十二)　跋折囉俱藍陀利弊泮(三百二十三)　微地也囉(引)闍弊泮(呪王等)(三百二十四)　摩訶鉢囉登耆囇弊泮(三百二十五)　跋折囉商羯囉(引)夜泮(金剛連鎖)(三百二十六)　鉢囉登祁囉囉(引)闍(引)耶泮(三百二十七)　摩訶揭囉耶泮(大黑天神)(三百二十八)　摩訶摩怛哩(二合)伽拏耶泮(鬼眾)(三百二十九)　娜牟塞揭哩(二合)多耶泮(三百三十)　毘瑟拏尾曳泮(毘紐天子)(三百三十一)　皤囉訡摩尼曳泮(梵王)(三百三十二)　阿祁尼曳泮(火天)(三百三十三)　摩訶迦哩曳泮(大黑天女)(三百三十四)　迦囉檀特曳泮(大鬼帥黑奧神)(三百三十五)　瞖泥哩曳泮(帝釋)(三百三十六)　遮文遲曳泮(怒神)(三百三十七)　嘮怛哩曳泮(瞋怒神)(三百三十八)　迦囉(引)怛哩曳泮(三百三十九)　迦波嚟曳泮(三百四十)　阿地目抧多迦尸麼舍那皤悉儞曳泮(三百四十一)　曳髻者那薩怛薩怛皤(若有眾生)(三百四十二)　突瑟吒質多(惡心鬼)(三百四十三)　澇持囉質多(三百四十四)　烏闍訶囉(食精氣鬼)(三百四十五)　揭婆訶囉(食胎藏鬼)(三百四十六)　嘮地囉訶囉(食血鬼)(三百四十七)　芒娑訶囉(食肉鬼)(三百四十八)　摩社訶囉(食產鬼)(三百四十九)　社多訶囉(三白五十)　視微多訶囉(食壽命鬼)(三百五十一)　皤略耶訶囉(食祭鬼)(三百五十二)　健陀訶囉(食香鬼)(三百五十三)　布瑟波訶囉(食花鬼)(三百五十四)　破囉訶囉(食五果子鬼)(三

百五十五）　薩寫訶囉（食五穀種子鬼）（三百五十六）　波波質多突瑟吒（知諫反）質多（惡心鬼）（三百五十七）　嘮陀羅質多（嗔心鬼）（三百五十八）　陀囉質多藥叉揭囉訶（三百五十九）　囉刹娑揭囉訶（三百六十）　閉囇多揭囉訶毘舍遮揭囉訶（三百六十一）部多揭囉訶（神眾）（三百六十二）　鳩槃茶揭囉訶（三百六十三）塞健陀揭囉訶（三百六十四）　烏怛摩陀揭囉訶（三百六十五）　車夜揭囉訶（影鬼）（三百六十六）　阿波娑摩囉揭囉訶（羊嗔鬼鬼如野狐）（三百六十七）　侘（拆阿反）（上）（長平呼）迦荼祁尼揭囉訶（魅鬼魅女鬼）（三百六十八）　嘌婆底揭囉訶（如狗惱小鬼）（三百六十九）　闍弭迦揭囉訶（如烏鬼）（三百七十）　舍俱尼揭囉訶（如馬）（三百七十一）　漫怛囉難提迦揭囉訶（如猫兒）（三百七十二）阿藍皤揭囉訶（如蛇）（三百七十三）　訶奴建度波尼揭囉訶（如雞）（三百七十四）　什（入音）皤囉（壯熱瘧鬼）翳迦醯迦（一日一發）德吠底迦（二日一發）（三百七十五）　帝哩帝藥迦（三日一發）折咄嘌他迦（四日一發）（三百七十六）　昵底夜什皤囉（常壯熱鬼）（三百七十七）　毘沙摩什皤囉（壯熱）（三百七十八）　皤底迦（風病鬼）背底迦（黃病鬼）（三百七十九）　室禮瑟彌迦（痰飲）（三百八十）娑儞波底迦（痢病）（三百八十一）　薩皤什皤囉（一切壯熱）（三百八十二）　室嚕喝囉底（頭痛）（三百八十三）　阿羅陀皤帝（半頭痛）（三百八十四）　阿乞史嚧劍（飢不食鬼）（三百八十五）　目佉嚧鉗（口痛）（三百八十六）　羯唎突嚧鉗（愁鬼）（三百八十七）　羯囉訶輸藍（咽喉痛）（三百八十八）　羯拏輸藍（耳痛）（三百八十九）憚多輸藍（齒痛）（三百九十）　頡哩馱耶輸藍（心痛）（三百九十一）末摩輸藍（盧鉗反）（三百九十二）　跋囉喔婆輸藍（肋痛）（三百九十三）　背哩瑟吒輸藍（背痛）（三百九十四）　烏馱囉輸藍（盧鉗反）（腹痛）（三百九十五）　羶知輸藍（腰痛）（三百九十六）　跋悉

帝輸藍(裸骨痛)(三百九十七)　鄔(上)嚧輸藍(腿髀痛)(三百九十八)　常伽輸藍(腕痛)(三百九十九)　喝薩多輸藍(手痛)(四百)　波陀輸藍(脚痛)(四百一)　頞伽鉢囉登輸藍(四支節痛)(四百二)　部多吠怛荼(起尸鬼)(四百三)　荼枳(呼哽反)(上)尼(魅鬼)(四百四)　什皤囉陀突嚧建紐(四百五)　吉知(蜘蛛)婆路多(丁瘡)(四百六)　吠薩囉波嚕訶(侵淫瘡)凌(里孕反)伽(赤瘡)(四百七)　輸沙多(引)囉娑那迦囉毘沙喻迦(上坎)(四百八)　阿祁尼(火)烏陀迦(水)摩囉吠囉建多囉(四百九)　阿迦囉蜜嘌(二合)駐(橫死)(四百十)　怛囇部迦地哩囉吒毘失脂迦(蝎)(四百十一)　薩囉波(蛇)(四百十二)　那俱囉(虎狼)(四百十三)　僧(思孕反)伽(師子)(四百十四)　吠也揭囉(大虫)(四百十五)　怛乞叉(猪熊)(四百十六)　怛囉乞叉末囉(馬熊)視皤帝衫(此等)(四百十七)　薩毘衫薩毘衫(一切此說者)(四百十八)　悉怛多鉢怛囉(花蓋)(四百十九)　摩訶跋折嚕(大金剛藏)(四百二十)　瑟尼衫摩訶鉢囉登祁藍(四百二十一)　夜婆埵陀舍喻社那(乃至十二由旬成界地)(四百二十二)　便怛囇拏毘(入聲)地夜畔馱迦嚧彌(云我大明呪十二由旬結界禁縛莫入)(四百二十三)　帝殊畔陀迦(居那反)嚧彌(佛頂光聚縛結不得入界)(四百二十四)　波囉微地也(途迦反)畔陀迦嚧彌(能縛一切惡神鬼)(四百二十五)　怛地他(即說呪曰)(四百二十六)　唵(四百二十七)　阿那隸毘舍提(四百二十八)　鞞囉(四百二十九)　跋折囉(四百三十)　阿唎畔陀(四百三十一)　毘陀儞(四百三十二)　跋折囉波尼泮(四百三十三)　呼吽(四百三十四)　咄嚕吽(三合)(四百三十五)　莎皤訶(四百三十六)　唵吽(四百三十七)　毘嚕提(四百三十八)　莎皤訶(四百三十九)

第八节　楞严神咒的无量功德

"阿难！是佛顶光聚悉怛多般怛罗秘密伽陀微妙章句，出生十方一切诸佛。十方如来因此咒心，得成无上正遍知觉；十方如来执此咒心，降伏诸魔制诸外道；十方如来乘此咒心，坐宝莲华应微尘国；十方如来含此咒心，于微尘国转大法轮；十方如来持此咒心，能于十方摩顶授记，自果未成亦于十方蒙佛授记；十方如来依此咒心，能于十方拔济群苦，所谓地狱、饿鬼、畜生、盲聋瘖痖、怨憎会苦、爱别离苦、求不得苦、五阴炽盛，大小诸横同时解脱，贼难、兵难、王难、狱难、风水火难、饥渴贫穷，应念销散；十方如来随此咒心，能于十方事善知识，四威仪中供养如意，恒沙如来会中推为大法王子；十方如来行此咒心，能于十方摄受亲因，令诸小乘闻秘密藏不生惊怖；十方如来诵此咒心，成无上觉、坐菩提树、入大涅槃；十方如来传此咒心，于灭度后付佛法事究竟住持，严净戒律悉得清净。

"若我说是佛顶光聚般怛罗咒，从旦至暮音声相连，字句中间亦不重叠，经恒沙劫终不能尽。亦说此咒名如来顶，汝等有学未尽轮回，发心至诚趣向阿耨多罗三藐三菩提，不持此咒而坐道场，令其身心远诸魔事，无有是处。

"阿难！若诸世界，随所国土，所有众生，随国所生桦皮、贝叶、纸素、白迭，书写此咒，贮于香囊，是人心惛未能诵忆，或带身上，或书宅中，当知是人，尽其生年，一切诸毒，所不能害。

"阿难！我今为汝更说此咒，救护世间得大无畏，成就众生出世间智。若我灭后，末世众生有能自诵，若教他诵，当知如是诵持众生，火不能烧，水不能溺，大毒小毒所不能害，如是乃至龙天鬼神、精祇魔魅所有恶咒，皆不能着，心得正受。一切咒诅、魇蛊、毒药、金毒、银毒、草木虫蛇万物毒气，入此人口成甘露味，一切恶星并诸鬼神碜毒心人，于如是人不能起恶。毗那夜迦诸恶鬼王并其眷属，皆领深恩常加守护。

"阿难！当知是咒，常有八万四千那由他恒河沙俱胝金刚藏王菩萨种族，一一皆有诸金刚众而为眷属，设有众生于散乱心非三摩地，心忆口持，是金刚王常随从彼诸善男子，何况决定菩提心者。此诸金刚菩萨藏王，精心阴速，发彼神识是人应时心能记忆八万四千恒河沙劫，周遍了知，得无疑惑，从第一劫乃至后身，生生不生药叉、罗刹及富单那、迦咤富单那、鸠盘茶、毗舍遮等并诸饿鬼，有形无形、有想无想，如是恶处；是善男子若读、若诵、若书、若写、若带、若藏，诸色供养，劫劫不生贫穷下贱不可乐处；此诸众生纵其自身不作福业，十方如来所有功德悉与此人，由是得于恒河沙阿僧祇不可说不可说劫，常与诸佛同生一处，无量功德如恶叉聚，同处熏修永无分散。是故能令破戒之人戒根清净；未得戒者令其得戒；未精进者令得精进；无智慧者令得智慧；不清净者速得清净；不持斋戒自成斋戒。

"阿难！是善男子持此咒时，设犯禁戒于未受时，持咒之后众破戒罪，无问轻重一时销灭；纵经饮酒食啖五辛种种不净，一切诸佛、菩萨、金刚、天仙、鬼神不将为过，设着不净破弊衣服，一行一住悉同清净；纵不作坛，不入道场，亦不行道，诵持此咒还同入坛行道功德；若造五逆无间重罪，及诸比丘、比丘尼四弃八弃，诵此咒已，如是重业犹如猛风吹散沙聚，悉皆灭除，更无毫发。

"阿难！若有众生从无量无数劫来，所有一切轻重罪障，从前世来未及忏悔，若能读诵、书写此咒身上带持，若安住处庄宅园馆，如是积业犹汤销雪，不久皆得，悟无生忍。

“复次，阿难！若有女人未生男女欲求生者，若能至心忆念斯咒，或能身上带此悉怛多钵怛罗者，便生福德智慧男女；求长命者速得长命；欲求果报速圆满者，速得圆满；身命色力亦复如是。命终之后随愿往生十方国土，必定不生边地下贱，何况杂形。

“阿难！若诸国土州县聚落，饥荒疫疠，或复刀兵，贼难斗诤，兼余一切厄难之地，写此神咒安城四门，并诸支提或脱阇上，令其国土所有众生奉迎斯咒，礼拜恭敬一心供养，令其人民各各身佩，或各各安所居宅地，一切灾厄悉皆销灭。

“阿难！在在处处国土众生随有此咒，天龙欢喜风雨顺时，五谷丰殷兆庶安乐，亦复能镇一切恶星，随方变怪灾障不起，人无横夭，杻械枷锁不着其身，昼夜安眠，常无恶梦。

“阿难！是娑婆界有八万四千灾变恶星，二十八大恶星而为上首，复有八大恶星以为其主，作种种形出现世时，能生众生种种灾异，有此咒地悉皆销灭，十二由旬成结界地，诸恶灾祥永不能入。

“是故如来宣示此咒，于未来世，保护初学、诸修行者，入三摩提，身心泰然，得大安隐，更无一切诸魔鬼神，及无始来冤横宿殃，旧业陈债来相恼害。汝及众中诸有学人，及未来世诸修行者，依我坛场，如法持戒，所受戒主，逢清净僧，持此咒心，不生疑悔，是善男子于此父母所生之身不得心通，十方如来便为妄语。”

第九节　金刚护法发愿护持楞严神咒

说是语已，会中无量百千金刚，一时佛前合掌顶礼而白佛言：“如佛所说，我当诚心保护如是修菩提者。”

尔时，梵王并天帝释四天大王，亦于佛前同时顶礼而白佛言：“审有如是修学善人，我当尽心至诚保护，令其一生所作如愿。”

复有无量药叉大将、诸罗刹王、富单那王、鸠盘荼王、毗舍遮王、频那夜迦诸大鬼王及诸鬼帅，亦于佛前合掌顶礼："我亦誓愿护持是人，令菩提心速得圆满。"

复有无量日月天子、风师、雨师、云师、雷师，并电伯等，年岁巡官诸星眷属，亦于会中顶礼佛足而白佛言："我亦保护是修行人，安立道场得无所畏。"

复有无量山神、海神，一切土地水陆空行万物精祇，并风神王无色界天，于如来前同时稽首而白佛言："我亦保护是修行人，得成菩提永无魔事。"

尔时，八万四千那由他恒河沙俱胝金刚藏王菩萨，在大会中即从座起，顶礼佛足而白佛言："世尊！如我等辈所修功业，久成菩提不取涅槃，常随此咒，救护末世修三摩提正修行者。世尊！如是修心求正定人，若在道场及余经行，乃至散心游戏聚落，我等徒众常当随从侍卫此人，纵令魔王大自在天求其方便，终不可得，诸小鬼神去此善人十由旬外；除彼发心乐修禅者。世尊！如是恶魔若魔眷属，欲来侵扰是善人者，我以宝杵殒碎其首犹如微尘，恒令此人所作如愿。"

第三部

修证次第：六十圆位

第一章　阿难请问证道次第

[注]

1.《楞严经》独有的修证体系：六十圆位修证；

2. 六十圆位分别是：

三种渐次、干慧地初心、十信、十住、十行、十回向、四加行、十地、等觉、妙觉。

3. 其中，干慧地初心、十信、十住、十行、十回向，本经统称为“四十一心”；

4. 其中，十信、十住、十行、十回向、四加行，本经统称为“四十四心”；

5. 其中，十信、十住、十回向、四加行、十地、等觉，本经统称为“五十五位真菩提路”。

阿难即从座起，顶礼佛足，而白佛言：“我辈愚钝，好为多闻，于诸漏心，未求出离，蒙佛慈诲，得正熏修，身心快然，获大饶益。世尊！如是修证佛三摩提，未到涅槃，云何名为干慧之地？四十四心？至何渐次得修行目？诣何方所名入地中？云何名为等觉菩萨？”作是语已，五体投地，大众一心伫佛慈音瞪瞢瞻仰。

尔时，世尊赞阿难言：“善哉，善哉！汝等乃能普为大众，及诸末世一切众生，修三摩提求大乘者，从于凡夫终大涅槃，悬示无上正修行路。汝今谛听，当为汝说。”阿难大众，合掌刳心，默然受教。

第二章　欲涅槃须先识二颠倒因

佛言："阿难！当知妙性圆明，离诸名相，本来无有世界众生，因妄有生，因生有灭，生灭名妄，灭妄名真，是称如来无上菩提及大涅槃二转依号。阿难！汝今欲修真三摩地，直诣如来大涅槃者，先当识此众生、世界二颠倒因。颠倒不生，斯则如来真三摩地。

第一节　众生颠倒因

"阿难！云何名为众生颠倒？阿难！由性明心，性明圆故；因明发性，性妄见生。从毕竟无成究竟有，此有所有非因所因，住所住相了无根本，本此无住，建立世界及诸众生，迷本圆明是生虚妄，妄性无体非有所依。将欲复真，欲真已非真真如性，非真求复宛成非相，非生非住非心非法，辗转发生生力发明，熏以成业同业相感，因有感业相灭相生，由是故有众生颠倒。

第二节　世界颠倒因

"阿难！云何名为世界颠倒？是有所有分段妄生，因此界立；非因所因无住所住迁流不住，因此世成。三世四方和合相涉，变化众生成十二类，是故世界因动有声、因声有色、因色有香、因香有触、因触有味、因味知法，六乱妄想成业性故，十二区分由此轮转，是故世间声香味触，穷十二变为一旋复；乘此轮转颠倒相故，是有世界卵生、胎生、湿生、化生，有色无色，有想无想，若非有色若非无色，若非有想若非无想。

第三章　此二颠倒因生十二类众生

1. 卵生

［注］

卵生，虚妄轮回，动颠倒因，气成，飞沉乱想，鱼鸟龟蛇。

“阿难！由因世界虚妄轮回动颠倒故，和合气成，八万四千飞沉乱想。如是，故有卵羯逻蓝，流转国土，鱼鸟龟蛇，其类充塞。

2. 胎生

［注］

胎生，杂染轮回，欲颠倒因，滋成，横竖乱想，人畜龙仙。

“由因世界杂染轮回欲颠倒故，和合滋成，八万四千横竖乱想。如是，故有胎遏蒱昙，流转国土，人畜龙仙，其类充塞。

3. 湿生

［注］

湿生，执著轮回，趣颠倒因，软成，翻覆乱想，含蠢蠕动。

“由因世界执着轮回趣颠倒故，和合软成，八万四千翻覆乱想。如是，故有湿相蔽尸，流转国土，含蠢蠕动，其类充塞。

4. 化生

[注]

化生，变易轮回，假颠倒因，触成，新故乱想，转蜕飞行。

“由因世界变易轮回假颠倒故，和合触成，八万四千新故乱想。如是，故有化相羯南，流转国土，转蜕飞行，其类充塞。

5. 有色

[注]

有色，留碍轮回，障颠倒因，着成，精耀乱相，休咎精明。

“由因世界留碍轮回障颠倒故，和合着成，八万四千精耀乱想。如是，故有色相羯南，流转国土，休咎精明，其类充塞。

6. 无色

[注]

无色，销散轮回，惑颠倒因，暗成，阴耀乱想，空散销沉。

“由因世界销散轮回惑颠倒故，和合暗成，八万四千阴隐乱想。如是，故有无色羯南，流转国土，空散销沉，其类充塞。

7. 有想

[注]

有想，罔象轮回，影颠倒因，忆成，潜结乱想，神鬼精灵。

“由因世界罔象轮回影颠倒故，和合忆成，八万四千潜结乱想。如是，故有想相羯南，流转国土，神鬼精灵，其类充塞。

8. 无想

［注］

无想，愚钝轮回，痴颠倒因，顽成，枯槁乱想，精神化为土木金石。

“由因世界愚钝轮回痴颠倒故，和合顽成，八万四千枯槁乱想。如是，故有无想羯南，流转国土，精神化为土木金石，其类充塞。

9. 非有色

［注］

非有色，相待轮回，伪颠倒因，染成，因依乱想，水母等以虾为目。

“由因世界相待轮回伪颠倒故，和合染成，八万四千因依乱想。如是，故有非有色相，成“色羯南”，流转国土，诸水母等以虾为目，其类充塞。

10. 非无色

［注］

非无色，相引轮回，性颠倒因，咒成，呼召乱想，咒诅厌生。

“由因世界相引轮回性颠倒故，和合咒成，八万四千呼召乱想。由是，故有非无色相，“无色羯南”，流转国土，咒诅厌生，其类充塞。

11. 非有想

［注］

非有想，合妄轮回，罔颠倒因，异成，回互乱想，螟蛉子。

“由因世界合妄轮回罔颠倒故，和合异成，八万四千回互乱想。

如是，故有非有想相，成"想羯南"，流转国土，彼蒲卢等异质相成，其类充塞。

12. 非无想

［注］

非无想，怨害轮回，杀颠倒因，怪成，食父母想，土枭破镜鸟。

"由因世界怨害轮回杀颠倒故，和合怪成，八万四千食父母想。如是，故有非无想相，"无想羯南"，流转国土，如土枭等附块为儿，及破镜鸟以毒树果抱为其子，子成，父母皆遭其食，其类充塞。

"是名众生十二种类。

（第八卷）

第四章　欲除颠倒因须先修“三渐次法”

“阿难！如是众生，一一类中，亦各各具十二颠倒；犹如捏目，乱花发生，颠倒妙圆真净明心，具足如斯虚妄乱想。汝今修证佛三摩提，于是本因元所乱想，立三渐次，方得除灭；如净器中除去毒蜜，以诸汤水并杂灰香，洗涤其器，后贮甘露。

“云何名为三种渐次？

“一者修习，除其助因；二者真修，刳其正性；三者增进，违其现业。

第一节　第一渐次：断除五辛，除其助因

“云何助因？阿难！如是世界十二类生，不能自全，依四食住，所谓段食、触食、思食、识食，是故佛说一切众生，皆依食住。阿难！一切众生食甘故生，食毒故死。是诸众生求三摩提，当断世间五种辛菜，是五种辛，熟食发淫，生啖增恚，如是世界食辛之人，纵能宣说十二部经，十方天仙嫌其臭秽，咸皆远离，诸饿鬼等，因彼食次，舐其唇吻，常与鬼住，福德日销，长无利益。是食辛人修三摩地，菩萨、天仙、十方善神不来守护，大力魔王得其方便，现作佛身来为说

法，非毁禁戒，赞淫怒痴，命终自为魔王眷属，受魔福尽，堕无间狱。

“阿难！修菩提者，永断五辛，是则名为，第一增进修行渐次。

第二节　第二渐次：严持禁戒，刳其正性

“云何正性？阿难！如是众生入三摩地，要先严持清净戒律，永断淫心，不餐酒肉，以火净食，无啖生气。阿难！是修行人，若不断淫及与杀生，出三界者无有是处。常观淫欲，犹如毒蛇、如见怨贼，先持声闻四弃八弃执身不动，后行菩萨清净律仪执心不起，禁戒成就，则于世间永无相生、相杀之业，偷劫不行，无相负累，亦于世间不还宿债。是清净人修三摩地，父母肉身不须天眼，自然观见十方世界，睹佛闻法，亲奉圣旨，得大神通，游十方界，宿命清净，得无艰崄。

“是则名为，第二增进修行渐次。

第三节　第三渐次：反闻自性，违其现业

“云何现业？阿难！如是清净持禁戒人，心无贪淫，于外六尘不多流逸，因不流逸旋元自归，尘既不缘，根无所偶，反流全一，六用不行，十方国土皎然清净，譬如琉璃内悬明月。身心快然，妙圆平等，获大安隐，一切如来密圆净妙，皆现其中，是人即获，无生法忍。

“从是渐修，随所发行，安立圣位，是则名为，第三增进修行渐次。

第五章　证入“干慧地初心”①

“阿难！是善男子，欲爱干枯，根境不偶，现前残质不复续生，执心虚明，纯是智慧，慧性明圆，莹十方界，干有其慧，名干慧地。

① “干慧地初心”，或者略称为“干慧初心”，为区别于“妙觉位”的干慧地后心。

第六章　证入“十信”位

［注］

十信位简称依次为：

信心住、念心住、精进心住、慧心住、定心住、

不退心住、护法心住、回向心住、戒心住、愿心住。①

1.“欲习初干，未与如来法流水接，即以此心，中中流入圆妙开敷，从真妙圆重发真妙，妙信常住，一切妄想，灭尽无余，中道纯真，名信心住。

2. 真信明了，一切圆通，阴处界三，不能为碍，如是乃至过去未来无数劫中，舍身受身，一切习气，皆现在前，是善男子皆能忆念，得无遗忘，名念心住。

3. 妙圆纯真，真精发化，无始习气，通一精明，唯以精明进趣真净，名精进心。

4. 心精现前，纯以智慧，名慧心住。

① 参见《菩萨璎珞本业经》卷1《贤圣名字品 2》：“佛告敬首菩萨：‘佛子！吾今略说名门中一贤名门，所谓初发心住。未上住前有十顺名字，菩萨常行十心，所谓信心、念心、精进心、慧心、定心、不退心、回向心、护心、戒心、愿心。佛子！修行是心，若经一劫二劫三劫，乃得入初住位中。住是位中，增修百法明门，所谓十信心。’”（《大正藏》册24，卷1485，页1011）二经之第七心、第八心顺序有差别。

5. 执持智明,周遍寂湛,寂妙常凝,名定心住。

6. 定光发明,明性深入,唯进无退,名不退心。

7. 心进安然,保持不失,十方如来,气分交接,名护法心。

8. 觉明保持,能以妙力回佛慈光,向佛安住,犹如双镜光明相对,其中妙影,重重相入,名回向心。

9. 心光密回,获佛常凝,无上妙净,安住无为,得无遗失,名戒心住。

10. 住戒自在,能游十方,所去随愿,名愿心住。

第七章 证入“十住”位

［注］

十住位简称依次为：

发心住，治地住，修行住，生贵住，方便具足住，

正心住，不退住，童真住，法王子住，灌顶住。[①]

1.“阿难！是善男子以真方便，发此十心，心精发挥，十用涉入，圆成一心，名发心住。

2. 心中发明，如净琉璃，内现精金，以前妙心，履以成地，名治地住。

3. 心地涉知，俱得明了，游履十方，得无留碍，名修行住。

4. 行与佛同，受佛气分，如中阴身，自求父母，阴信冥通，入如来种，名生贵住。

5. 既游道胎，亲奉觉胤，如胎已成，人相不缺，名方便具足住。

6. 容貌如佛，心相亦同，名正心住。

---

① 参见《大方广佛华严经》卷16：“菩萨住有十种，过去、未来、现在诸佛，已说、当说、今说。何者为十？所谓：初发心住、治地住、修行住、生贵住、具足方便住、正心住、不退住、童真住、王子住、灌顶住。是名菩萨十住，去、来、现在诸佛所说。”(《大正藏》册10，卷279，页84)

7. 身心合成，日益增长，名不退住。

8. 十身灵相，一时具足，名童真住。

9. 形成出胎，亲为佛子，名法王子住。

10. 表以成人，如国大王，以诸国事，分委太子，彼刹利王世子长成，陈列灌顶，名灌顶住。

第八章　证入"十行"位

［注］

十行位简称依次为：

欢喜行，饶益行，无嗔恨行，无尽行，离痴乱行，

善现行，无着行，尊重行，善法行，真实行。[①]

1."阿难！是善男子，成佛子已，具足无量，如来妙德，十方随顺，名欢喜行。

2. 善能利益一切众生，名饶益行。

3. 自觉觉他，得无违拒，名无嗔恨行。

4. 种类出生，穷未来际，三世平等，十方通达，名无尽行。

5. 一切合同，种种法门，得无差误，名离痴乱行。

6. 则于同中，显现群异，一一异相，各各见同，名善现行。

7. 如是乃至，十方虚空，满足微尘，一一尘中现十方界，现尘现界，不相留碍，名无着行。

① 参见《大方广佛华严经》卷11："佛子！何等为菩萨摩诃萨行？菩萨有十行，三世诸佛之所宣说。何等为十？一者、欢喜行，二者、饶益行，三者、无恚恨行，四者、无尽行，五者、离痴乱行，六者、善现行，七者、无着行，八者、尊重行，九者、善法行，十者、真实行。是为十行。"(《大正藏》册09，卷278，页466)

8. 种种现前，咸是第一波罗蜜多，名尊重行。

9. 如是圆融，能成十方诸佛轨则，名善法行。

10. 一一皆是，清净无漏，一真无为，性本然故，名真实行。

第九章 证入“十回向”位

[注]

十回向位简称依次为：

救护一切众生离众生相回向，不坏回向，等一切佛回向，至一切处回向，无尽功德藏回向，随顺平等善根回向，随顺等观一切众生回向，如相回向，无缚解脱回向，法界无量回向。①

1.“阿难！是善男子满足神通，成佛事已，纯洁精真，远诸留患，当度众生，灭除度相，回无为心，向涅槃路，名救护一切众生离众生相回向。

2. 坏其可坏，远离诸离，名不坏回向。

3. 本觉湛然，觉齐佛觉，名等一切佛回向。

4. 精真发明，地如佛地，名至一切处回向。

5. 世界如来互相涉入得无挂碍，名无尽功德藏回向。

---

① 参见《大方广佛华严经》卷 14：“佛子！何等为菩萨摩诃萨回向？菩萨摩诃萨回向有十；去、来、今佛，悉共演说。何等为十？一者、救护一切众生，离众生相回向；二者、不坏回向；三者、等一切佛回向；四者、至一切处回向；五者、无尽功德藏回向；六者、随顺平等善根回向；七者、随顺等观一切众生回向；八者、如相回向；九者、无缚无着解脱回向；十者、法界无量回向。佛子！是为菩萨摩诃萨十种回向，三世诸佛所共演说。”(《大正藏》册 09，卷 278，页 488)

6. 于同佛地，地中各各生清净因，依因发挥取涅槃道，名随顺平等善根回向。

7. 真根既成，十方众生皆我本性，性圆成就不失众生，名随顺等观一切众生回向。

8. 即一切法，离一切相，唯即与离二无所著，名如相回向。

9. 真得所如十方无碍，名无缚解脱回向。

10. 性德圆成，法界量灭，名法界无量回向。

第十章　证入"四加行"位

［注］

四种妙圆加行位依次为：

暖地加行，顶地加行，忍地加行，世第一地加行。

"阿难！是善男子，尽是清净，四十一心，次成四种妙圆加行。

1. 即以佛觉，用为己心，若出未出，犹如钻火，欲然其木，名为暖地。

2. 又以己心，成佛所履，若依非依，如登高山，身入虚空，下有微碍，名为顶地。

3. 心佛二同，善得中道，如忍事人，非怀非出，名为忍地。

4. 数量销灭，迷觉中道，二无所目，名世第一地。

第十一章　证入“十地”位

［注］

十地简称依次为：

欢喜地、离垢地、发光地、焰慧地、难胜地、

现前地、远行地、不动地、善慧地、法云地。[①]

1.“阿难！是善男子于大菩提，善得通达，觉通如来，尽佛境界，名欢喜地。

2. 异性入同，同性亦灭，名离垢地。

3. 净极明生，名发光地。

4. 明极觉满，名焰慧地。

5. 一切同异，所不能至，名难胜地。

6. 无为真如，性净明露，名现前地。

7. 尽真如际，名远行地。

8. 一真如心，名不动地。

---

① 参见《大方广佛华严经》卷 23：“菩萨摩诃萨智地有十，过去、未来、现在诸佛已说、今说、当说，为是地故，我如是说。何等为十？一曰欢喜，二曰离垢，三曰明，四曰焰，五曰难胜，六曰现前，七曰远行，八曰不动，九曰善慧，十曰法云。是十地者，三世诸佛已说、今说、当说，我不见有诸佛国土不说是十地者。”（《大正藏》册 09，卷 278，页 542）

9. 发真如用，名善慧地。

10. “阿难！是诸菩萨，从此已往，修习毕功，功德圆满，亦目此地，名修习位，慈阴妙云，覆涅槃海，名法云地。

第十二章　证入“等觉”位

［注］

等觉菩萨有二大类：

一类是顺行等觉菩萨，也就是从初地次第修行至等觉位的菩萨；

一类是逆行等觉菩萨，也就是已经修证圆满的佛方便示现出来的等觉位菩萨。

“如来逆流，如是菩萨顺行而至，觉际入交，名为等觉。

第十三章　无上"妙觉"位

［注］

1."金刚心中初干慧地"：顺行菩萨初入妙觉位，证无上大般若金刚慧心，称"金刚心"，就是"佛心"，因为初入，毕竟还未圆满，所以称为"金刚心中初干慧地"；

2. 相较于金刚心而言，是"初干慧地"，但相较于开始所证的"干慧地初心"，此"金刚心中初干慧地"就是"干慧地后心"，是干慧地证量的圆满；

3."如是重重，单复十二"：指"六十圆位"的修证次第；[1]

4."方尽妙觉，成无上道"：妙觉位的圆满，为金刚心的圆满，无上正等正觉的圆满。

"阿难！从干慧心至等觉已，是觉始获，金刚心中初干慧地。

"如是重重，单复十二，方尽妙觉，成无上道。

---

① 《楞严经疏解蒙钞》卷8："五位中各具十。又等、妙为十二。或单举一位。亦名十二。或举大数。乃名重重。此表无尽也。始从干慧。终至等觉。单复相兼。总有十二。单则有七。谓干慧。暖。顶。忍。世第一。等觉。妙觉。复则有五。谓信。住。行。向。地。以一一位中。自具于十。故名为复。"(《卍新纂续藏经》册13，卷287，页741)

第十四章　证道窍诀：以奢摩他毗婆舍那渐次深入

［注］

1. 十种喻：梦、幻、泡、影、空中花、水中月、镜中像、空谷响、热时焰、乾达婆城；①

2. 奢摩他：以正法义为缘，以善闻、善思为行持，双遣沉掉，正闻正思相续不断，渐得身心轻安；②

3. 毗婆舍那：全称应为"奢摩他毗婆舍那"，是在奢摩他的基础上，依不二实相作正观，侧重正抉择内心行相无自性性。③

"是种种地，皆以金刚，观察如幻，十种深喻，奢摩他中用诸如

---

① 《楞严经正脉疏》卷 8："十喻者。幻人阳焰水月空华谷响干城梦影像化也。"(《卍新纂续藏经》册 12，卷 275，页 415)

② 《解深密经》卷 3："如我为诸菩萨所说法假安立，所谓契经、应诵、记别、讽诵、自说、因缘、譬喻、本事、本生、方广、希法、论议。菩萨于此善听、善受、言善通利、意善寻思、见善通达，即于如所善思惟法，独处空闲作意思惟。复即于此能思惟心，内心相续，作意思惟。如是正行多安住故，起身轻安及心轻安，是名奢摩他。如是菩萨，能求奢摩他。"(《大正藏》册 16，卷 676，页 698)

③ 《解深密经》卷 3："彼由获得身心轻安为所依故，即于如所善思惟法，内三摩地所行影像，观察胜解舍离心相。即于如是三摩地影像所知义中，能正思择、最极思择，周遍寻思、周遍伺察，若忍、若乐、若慧、若见、若观，是名毗钵舍那。如是菩萨，能善毗钵舍那。"(《大正藏》册 16，卷 676，页 698)

来毗婆舍那，清净修证，渐次深入。阿难！如是皆以三增进[①]故，善能成就，五十五位真菩提路，作是观者，名为正观；若他观者，名为邪观。”

① 指前面提到的三种渐次法：断五辛、持禁戒、违现业。《楞严经正脉疏》卷8：“三增进者。即渐次也。前三文下。皆结示云。是名增进修行渐次。又云。从是渐修。随所发行。安立圣位。”（《卍新纂续藏经》册12，卷275，页415）

第十五章　结经：文殊请问经名

尔时，文殊师利法王子在大众中即从座起，顶礼佛足而白佛言："当何名是经？我及众生云何奉持？"

佛告文殊师利："是经名'大佛顶、悉怛多般怛啰、无上宝印、十方如来清净海眼'，亦名'救护亲因、度脱阿难及此会中性比丘尼、得菩提心、入遍知海'，亦名'如来密因、修证了义'，亦名'大方广妙莲华王、十方佛母、陀罗尼咒'，亦名'灌顶章句、诸菩萨万行首楞严'。汝当奉持。"

第四部

证道关键：五十魔考

第一章　三界轮回原理：七趣升沉和因缘果报

说是语已，实时阿难及诸大众，得蒙如来开示密印般怛啰义，兼闻此经了义名目，顿悟禅那修进圣位增上妙理，心虑虚凝，断除三界修心六品微细烦恼，即从座起顶礼佛足，合掌恭敬而白佛言："大威德世尊！慈音无遮，善开众生微细沉惑，令我今日身意快然，得大饶益。世尊！若此妙明真净妙心，本来遍圆，如是乃至大地草木、蠕动含灵，本元真如，即是如来成佛真体。

1. "佛体真实，云何复有地狱、饿鬼、畜生、修罗、人、天等道？

2. "世尊！此道为复本来自有？为是众生妄习生起？世尊！如宝莲香比丘尼持菩萨戒，私行淫欲，妄言行淫非杀、非偷，无有业报，发是语已，先于女根生大猛火，后于节节猛火烧然，堕无间狱。琉璃大王、善星比丘，琉璃为诛瞿昙族姓，善星妄说一切法空，生身陷入阿鼻地狱。

3. "此诸地狱为有定处？为复自然？彼彼发业，各各私受。

"唯垂大慈，发开童蒙，令诸一切持戒众生，闻决定义，欢喜顶戴，谨洁无犯。"

第一节　七趣升沉本因：因彼妄见生二妄习

佛告阿难："快哉此问！令诸众生不入邪见。汝今谛听！当为汝说。阿难！一切众生实本真净，因彼妄见，有妄习生，因此分开内分、外分。

一、内分妄习：身随念动

［注］

1. 内分妄习：身内习气，身随念动；

2. 内心与身体的互动机制。

"阿难！内分即是众生分内，因诸爱染发起妄情，情积不休，能生爱水，是故众生心忆珍馐，口中水出，心忆前人，或怜或恨，目中泪盈，贪求财宝，心发爱涎，举体光润，心着行淫，男女二根自然流液。阿难！诸爱虽别，流结是同，润湿不升，自然从坠，此名内分。

二、外分妄习：境随想有

［注］

1. 外分妄习：身外习气，境随想有；

2. 内心与外境的互动机制。

"阿难！外分即是众生分外，因诸渴仰发明虚想，想积不休，能生胜气，是故众生，心持禁戒举身轻清，心持咒印顾眄[①]雄毅，心欲

① 眄：miǎn，斜眼看。

生天，梦想飞举，心存佛国，圣境冥现，事善知识，自轻身命。阿难！诸想虽别，轻举是同，飞动不沉，自然超越，此名外分。

第二节　七趣升沉原理：情和想的比例决定轮回趣向

［注］

1. 想：念想，代表上升的心行势力；
2. 情：情欲，代表下堕的心行势力。

“阿难！一切世间生死相续，生从顺习，死从变流，临命终时，未舍暖触，一生善恶俱时顿现，死逆生顺，二习相交。

一、天人趣：纯想无情

［注］

1. 纯想无情，必生天上；
2. 含净土趣，这也是净土往生的原理之一。

“纯想即飞，必生天上。若飞心中兼福兼慧及与净愿，自然心开见十方佛，一切净土随愿往生；

二、仙道、阿修罗趣：情少想多

［注］

1. 飞仙：九想一情；
2. 大力鬼王：八想二情；
3. 飞行夜叉：七想三情；

4. 地行罗刹：六想四情。[①]

“情少想多，轻举非远，即为飞仙、大力鬼王、飞行夜叉、地行罗刹，游于四天，所去无碍。

“其中若有善愿，善心护持我法，或护禁戒随持戒人，或护神咒随持咒者，或护禅定保绥法忍，是等亲住如来座下；

三、人道趣：情想均等

“情想均等，不飞不坠，生于人间，想明斯聪，情幽斯钝；

四、畜生趣：四想六情[②]

“情多想少，流入横生，重为毛群，轻为羽族；

五、饿鬼趣：三想七情

“七情三想，沉下水轮，生于火际，受气猛火，身为饿鬼，常被焚烧、水能害己，无食无饮，经百千劫；

六、地狱趣：一想九情和二想八情[③]

“九情一想，下洞火轮，身入风火，二交过地，轻生有间，重生无

① 《楞严经正脉疏》卷8：“情少想多。此通举也。理宜等降四类分之。一情九想。即为飞仙。二情八想。为大力鬼王。三情七想。为飞行夜叉。四情六想。为地行罗刹。”（《卍新纂续藏经》册12，卷275，页420）

② 《楞严经正脉疏》卷8：“情多想少者。真际谓六情四想是也。温陵曰。横生者。情多故沦变。带想故飞举。而业重不能但为毛群耳。”（《卍新纂续藏经》册12，卷275，页420）

③ 《楞严经正脉疏》卷8：“真际曰。八情二想。生有间狱。九情一想。生无间狱。经文缺八情二想。意中必有。节师补之。是也。”（《卍新纂续藏经》册12，卷275，页421）

间，二种地狱；

七、阿鼻地狱趣：无想纯情

“纯情即沉，入阿鼻狱。

“若沉心中，有谤大乘、毁佛禁戒、诳妄说法、虚贪信施、滥膺恭敬、五逆十重，更生十方，阿鼻地狱。

第三节　七趣升沉的因缘果报

一、个业和共业的关系

［注］

1. 个业：如是因，如是果，因果自受，无人能替；

2. 共业：众生个业中相近、相似、相交的部分；

3. 共业感召：因相似性，个业中有共业分；

4. 个业自受：因果不可替代性，共业中唯有个业觉受；

5. 因一真法界不可割裂性，所以个业与共业无法截然分割，并且无论个业还是共业都唯名无义，无有自性实体。

“循造恶业，虽则自招，众同分中，兼有元地。[①]

二、五类地狱趣的因缘果报

“阿难！此等皆是彼诸众生，自业所感，造十习因，受六交报。

① 此句本是承接上一句阿鼻地狱趣而言，出于章节内容的安排需要，独立出来成为一段。

(一) 地狱趣十因：十种罪恶习气

［注］

地狱趣的十种熏习因：

淫习，贪习，慢习，嗔习，诈习，诳习，怨习，见习，枉习，讼习。

“云何十因？

1.“阿难！一者，淫习交接，发于相磨，研磨不休，如是故有大猛火光于中发动，如人以手自相磨触，暖相现前；二习相然，故有铁床铜柱诸事。是故十方一切如来，色目行淫，同名欲火；菩萨见欲，如避火坑。

2.“二者，贪习交计，发于相吸，吸揽不止，如是故有积寒坚冰，于中冻冽，如人以口吸缩风气，有冷触生；二习相凌，故有吒吒波波啰啰，青赤白莲寒冰等事。是故十方一切如来，色目多求，同名贪水；菩萨见贪，如避瘴海。

3.“三者，慢习交凌，发于相恃，驰流不息，如是故有腾逸奔波，积波为水，如人口舌自相绵味，因而水发；二习相鼓，故有血河、灰河、热沙、毒海、融铜灌吞诸事。是故十方一切如来，色目我慢，名饮痴水；菩萨见慢，如避巨溺。

4.“四者，嗔习交冲，发于相忤，忤结不息，心热发火，铸气为金，如是故有刀山、铁橛、剑树、剑轮、斧钺、枪锯，如人衔冤，杀气飞动；二习相击，故有宫、割、斩、斫、锉、刺、槌、击诸事。是故十方一切如来，色目嗔恚，名利刀剑；菩萨见嗔，如避诛戮。

5.“五者，诈习交诱，发于相调，引起不住，如是故有绳木绞挍，如水浸田草木生长；二习相延，故有杻械、枷锁、鞭杖、挝棒诸事。是故十方一切如来，色目奸伪，同名谗贼；菩萨见诈，如畏豺狼。

6.“六者，诳习交欺，发于相謂，诬謂不止，飞心造奸，如是故有尘土、屎尿、秽污不净，如尘随风，各无所见；二习相加，故有没溺、腾掷、飞坠、漂沦诸事。是故十方一切如来，色目欺诳，同名劫杀；菩萨见诳，如践蛇虺。

7.“七者，怨习交嫌，发于衔恨，如是故有飞石、投砾、匣贮、车槛、瓮盛、囊扑，如阴毒人怀抱畜恶；二习相吞，故有投掷、擒捉、击射、抛撮诸事。是故十方一切如来，色目怨家，名违害鬼；菩萨见怨，如饮鸩酒。

8.“八者，见习交明，如萨迦耶见、戒禁取，邪悟诸业，发于违拒，出生相返，如是故有王使主吏，证执文藉；如行路人，来往相见，二习相交，故有勘问、权诈、考讯、推鞫、察访、披究，照明，善恶童子手执文簿，辞辩诸事。是故十方一切如来，色目恶见，同名见坑；菩萨见诸虚妄遍执，如入毒壑。

9.“九者，枉习交加，发于诬谤，如是故有合山、合石、碾硙、耕磨，如谗贼人，逼枉良善；二习相排，故有押捺、搥按、蹙漉、冲度诸事。是故十方一切如来，色目怨谤，同名谗虎；菩萨见枉，如遭霹雳。

10.“十者，讼习交諠，发于藏覆，如是故有鉴见照烛，如于日中不能藏影；故有恶友、业镜、火珠，披露宿业，对验诸事。是故十方一切如来，色目覆藏，同名阴贼；菩萨观覆，如戴高山履于巨海。

（二）地狱趣六报：六根引发的罪恶果报

［注］

六根引发的六种罪恶果报：

1. 见果报，分二种：明见报和暗见报，眼根引发；

2. 闻果报，分二种：开听闻报和闭听闻报，耳根引发；

3. 嗅果报，分二种：通闻嗅报和塞闻嗅报，鼻根引发；

4. 味果报，分二种：吸气味报和呼气味报，舌根引发；

5. 触果报，分二种：合触果报和离触果报，身根引发；

6. 思果报，分二种：不觉思报和不迷思报，意根引发。

“云何六报？阿难！一切众生六识造业，所招恶报，从六根出。云何恶报从六根出？

1. “一者，见报，招引恶果。此见业交，则临终时先见猛火满十方界，亡者神识飞坠乘烟，入无间狱发明二相：一者明见，则能遍见种种恶物，生无量畏；二者暗见，寂然不见，生无量恐。如是见火、烧听能为镬汤洋铜；烧息能为黑烟紫焰；烧味能为燋丸铁糜；烧触能为热灰炉炭；烧心能生星火迸洒煽鼓空界。

2. “二者，闻报，招引恶果。此闻业交，则临终时先见波涛没溺天地，亡者神识降注乘流，入无间狱发明二相：一者开听，听种种闹精神愗乱；二者闭听，寂无所闻幽魄沉没。如是闻波，注闻则能为责为诘；注见则能为雷为吼，为恶毒气；注息则能为雨为雾，洒诸毒虫周满身体；注味则能为脓为血种种杂秽；注触则能为畜为鬼为屎为尿；注意则能为电为雹摧碎心魄。

3. “三者，嗅报，招引恶果。此嗅业交，则临终时先见毒气充塞远近，亡者神识从地涌出，入无间狱发明二相：一者通闻，被诸恶气熏极心扰；二者塞闻，气掩不通闷绝于地。如是嗅气，冲息则能为质为履；冲见则能为火为炬；冲听则能为没为溺为洋为沸；冲味则能为馁为爽；冲触则能为绽为烂，为大肉山，有百千眼无量咂食；冲思则能为灰为瘴，为飞砂砾击碎身体。

4. “四者，味报，招引恶果。此味业交，则临终时先见铁网猛炎炽烈周覆世界，亡者神识下透挂网倒悬其头，入无间狱发明二相：一者吸气，结成寒冰冻裂身肉；二者吐气，飞为猛火燋烂骨髓。如是尝味，历尝则能为承为忍；历见则能为然金石；历听则能为利兵刃；历息则能为大铁笼弥覆国土；历触则能为弓为箭为弩为射；历思则能为飞热铁从空雨下。

5.“五者，触报，招引恶果。此触业交，则临终时先见大山四面来合无复出路，亡者神识见大铁城，火蛇火狗虎狼狮子，牛头狱卒、马头罗刹，手执枪稍驱入城门，向无间狱发明二相：一者合触，合山逼体骨肉血溃；二者离触，刀剑触身心肝屠裂。如是合触，历触则能为道为观为厅为案；历见则能为烧为爇；历听则能为撞为击为剚为射；历息则能为括为袋为拷为缚；历尝则能为耕为钳为斩为截；历思则能为坠为飞为煎为炙。

6.“六者，思报，招引恶果。此思业交，则临终时先见恶风吹坏国土，亡者神识被吹上空旋落乘风，堕无间狱发明二相：一者不觉，迷极则荒奔走不息；二者不迷，觉知则苦无量煎烧痛深难忍。如是邪思，结思则能为方为所；结见则能为鉴为证；结听则能为大合石为冰为霜为土为雾；结息则能为大火车火船火槛；结尝则能为大叫唤，为悔为泣；结触则能，为大为小，为一日中万生万死，为偃为仰。

“阿难！是名地狱，十因、六果，皆是众生迷妄所造。

（三）地狱趣种类：因果差别相

［注］

恶因不同，地狱种类各有差别，从重到轻，略有五类：阿鼻狱、八无间狱、十八地狱、三十六地狱、一百零八地狱。

1.“若诸众生恶业圆造，入阿鼻狱受无量苦，经无量劫；

2. 六根各造，及彼所作，兼境兼根，是人则入，八无间狱；

3. 身口意三，作杀盗淫，是人则入，十八地狱；

4. 三业不兼，中间或为，一杀一盗，是人则入，三十六地狱；

5. 见见一根，单犯一业，是人则入，一百零八地狱。

“由是众生，别作别造，于世界中，入同分地，妄想发生，非本来有。

三、十类鬼趣的因缘果报

［注］

十类鬼趣：

怪鬼、魃鬼、魅鬼、蛊毒鬼、疠鬼、饿鬼、魇鬼、魍魉鬼、役使鬼、传送鬼。

“复次，阿难！是诸众生非破律仪，犯菩萨戒，毁佛涅槃，诸余杂业，历劫烧然，后还罪毕，受诸鬼形。

1. “若于本因，贪物为罪，是人罪毕，遇物成形，名为怪鬼；

2. 贪色为罪，是人罪毕，遇风成形，名为魃鬼；

3. 贪惑为罪，是人罪毕，遇畜成形，名为魅鬼；

4. 贪恨为罪，是人罪毕，遇虫成形，名蛊毒鬼；

5. 贪忆为罪，是人罪毕，遇衰成形，名为疠鬼；

6. 贪傲为罪，是人罪毕，遇气成形，名为饿鬼；

7. 贪罔为罪，是人罪毕，遇幽为形，名为魇鬼；

8. 贪明为罪，是人罪毕，遇精为形，名魍魉鬼；

9. 贪成为罪，是人罪毕，遇明为形，名役使鬼；

10. 贪党为罪，是人罪毕，遇人为形，名传送鬼。

“阿难！是人皆以，纯情坠落，业火烧干，上出为鬼，此等皆是自妄想业，之所招引；若悟菩提，则妙圆明，本无所有。

四、十类畜生趣的因缘果报

［注］

十类畜生趣：

枭类、咎征异类、狐类、毒类、蛔类、食类、服类、应类、休征诸类、循类。

“复次，阿难！鬼业既尽，则情与想二俱成空，方于世间与元负人，怨对相值，身为畜生，酬其宿债。

1.“物怪之鬼，物销报尽，生于世间，多为枭类；

2. 风魃之鬼，风销报尽，生于世间，多为咎征一切异类；

3. 畜魅之鬼，畜死报尽，生于世间，多为狐类；

4. 虫蛊之鬼，虫灭报尽，生于世间，多为毒类；

5. 衰疠之鬼，衰穷报尽，生于世间，多为蛔类；

6. 受气之鬼，气销报尽，生于世间，多为食类；

7. 绵幽之鬼，幽销报尽，生于世间，多为服类；

8. 和精之鬼，和销报尽，生于世间，多为应类；

9. 明灵之鬼，明灭报尽，生于世间，多为休征一切诸类；

10. 依人之鬼，人亡报尽，生于世间，多于循类。

“阿难！是等皆以，业火干枯，酬其宿债，傍为畜生，此等亦皆，自虚妄业之所招引；若悟菩提，则此妄缘，本无所有。

五、十类人趣的因缘果报

［注］

十类人趣：

顽类、愚类、狠类、庸类、微类、柔类、劳类、文类、明类、达类。

“如汝所言，宝莲香等，及琉璃王善星比丘，如是恶业，本自发明，非从天降，亦非地出，亦非人与，自妄所招，还自来受；菩提心中，皆为浮妄虚想凝结。

“复次，阿难！从是畜生，酬偿先债，若彼酬者，分越所酬，此等众生还复为人，返征其剩，如彼有力，兼有福德，则于人中不舍人身，酬还彼力；若无福者，还为畜生，偿彼余直。阿难！当知若用钱物，或役其力，偿足自停。如于中间杀彼身命，或食其肉，如是乃至经微尘劫，相食相诛，犹如转轮，互为高下，无有休息；除奢摩他及佛出世，不可停寝。

1.“汝今应知，彼枭伦者，酬足复形，生人道中，参合顽类；

2. 彼咎征者酬足复形，生人道中，参合愚类；

3. 彼狐伦者酬足复形，生人道中，参于狠类；

4. 彼毒伦者酬足复形，生人道中，参合庸类；

5. 彼蛔伦者酬足复形，生人道中，参合微类；

6. 彼食伦者酬足复形，生人道中，参合柔类；

7. 彼服伦者酬足复形，生人道中，参合劳类；

8. 彼应伦者酬足复形，生人道中，参于文类；

9. 彼休征者酬足复形，生人道中，参合明类；

10. 彼诸循伦酬足复形，生人道中，参于达类。

“阿难！是等皆以宿债毕酬，复形人道，皆无始来，业计颠倒，相生相杀，不遇如来，不闻正法，于尘劳中，法尔轮转，此辈名为，可怜愍者。

六、十类仙趣的因缘果报

[注]

十类仙趣：

地行仙、飞行仙、游行仙、空行仙、天行仙、

通行仙、道行仙、照行仙、精行仙、绝行仙。

"阿难！复有从人，不依正觉修三摩地，别修妄念，存想固形，游于山林人不及处，有十仙种。阿难！彼诸众生：

1. 坚固服饵，而不休息，食道圆成，名地行仙；

2. 坚固草木，而不休息，药道圆成，名飞行仙；

3. 坚固金石，而不休息，化道圆成，名游行仙；

4. 坚固动止，而不休息，气精圆成，名空行仙；

5. 坚固津液，而不休息，润德圆成，名天行仙；

6. 坚固精色，而不休息，吸粹圆成，名通行仙；

7. 坚固咒禁，而不休息，术法圆成，名道行仙；

8. 坚固思念，而不休息，思忆圆成，名照行仙；

9. 坚固交遘，而不休息，感应圆成，名精行仙；

10. 坚固变化，而不休息，觉悟圆成，名绝行仙。

"阿难！是等皆于，人中炼心，不循正觉，别得生理，寿千万岁，休止深山，或大海岛，绝于人境，斯亦轮回，妄想流转，不修三昧，报尽还来，散入诸趣。

七、二十八类天人趣的因缘果报

［注］

三界：欲界，色界，无色界；三界粗略可分为二十八天，分别是：

1. 欲界六天：四天王天、忉利天、夜摩天、兜率天、化乐天、他化自在天；

2. 色界初禅三天：梵众天、梵辅天、大梵天；

3. 色界二禅三天：少光天、无量光天、光音天；

4. 色界三禅三天：少净天、无量净天、遍净天；

5. 色界四禅四天：福生天、福受天、广果天、外道无想天；

6. 色界四禅“五不还天”：无烦天、无热天、善见天、善现天、色究竟天；

7. 无色界四天：空无边、识无边、无所有、非想非非想。

(一) 欲界六天

[注]

欲界六天：四天王天、忉利天、夜摩天、兜率天、化乐天、他化自在天。

1. “阿难！诸世间人不求常住，未能舍诸妻妾恩爱，于邪淫中，心不流逸，澄莹生明，命终之后，邻于日月，如是一类，名四天王天；

2. 于已妻房，淫爱微薄，于净居时，不得全味，命终之后，超日月明，居人间顶，如是一类，名忉利天；

3. 逢欲暂交，去无思忆，于人间世，动少静多，命终之后，于虚空中，朗然安住，日月光明，上照不及，是诸人等，自有光明，如是一类，名须焰摩天；

4. 一切时静，有应触来，未能违戾，命终之后，上升精微，不接下界，诸人天境，乃至劫坏，三灾不及，如是一类，名兜率陀天；

5. 我无欲心，应汝行事，于横陈时，味如嚼蜡，命终之后，生越化地，如是一类，名乐变化天；

6. 无世间心，同世行事，于行事交，了然超越，命终之后，遍能出超，化无化境，如是一类，名他化自在天。

“阿难！如是六天，形虽出动，心迹尚交，自此已还，名为欲界。

（第九卷）

（二）色界初禅三天

［注］

色界初禅三天：梵众天、梵辅天、大梵天。

1.“阿难！世间一切所修心人，不假禅那，无有智慧，但能执身，不行淫欲，若行若坐想念俱无，爱染不生，无留欲界，是人应念，身为梵侣，如是一类，名梵众天；

2. 欲习既除，离欲心现，于诸律仪爱乐随顺，是人应时，能行梵德，如是一类，名梵辅天；

3. 身心妙圆，威仪不缺，清净禁戒，加以明悟，是人应时，能统梵众，为大梵王，如是一类，名大梵天。

“阿难！此三胜流，一切苦恼所不能逼，虽非正修真三摩地，清净心中，诸漏不动，名为初禅。

（三）色界二禅三天

［注］

色界二禅三天：少光天、无量光天、光音天。

1.“阿难！其次，梵天统摄梵人，圆满梵行，澄心不动，寂湛生光，如是一类，名少光天；

2. 光光相然，照耀无尽，映十方界，遍成琉璃，如是一类，名无量光天；

3. 吸持圆光，成就教体，发化清净，应用无尽，如是一类，名光音天。

“阿难！此三胜流，一切忧愁，所不能逼，虽非正修，真三摩地，清净心中，粗漏已伏，名为二禅。

（四）色界三禅三天

［注］

色界三禅三天：少净天、无量净天、遍净天。

1.“阿难！如是天人，圆光成音，披音露妙，发成精行，通寂灭乐，如是一类，名少净天；

2. 净空现前，引发无际，身心轻安，成寂灭乐，如是一类，名无量净天；

3. 世界身心，一切圆净，净德成就，胜托现前，归寂灭乐，如是一类名遍净天。

“阿难！此三胜流，具大随顺，身心安隐，得无量乐，虽非正得，真三摩地，安隐心中，欢喜毕具，名为三禅。

（五）色界四禅四天

［注］

色界四禅四天：福生天、福受天、广果天、外道无想天。

1.“阿难！次复天人，不逼身心，苦因已尽，乐非常住，久必坏生，苦乐二心，俱时顿舍，粗重相灭，净福性生，如是一类，名福生天；

2. 舍心圆融，胜解清净，福无遮中，得妙随顺，穷未来际，如是一类，名福爱天。

3.“阿难！从是天中，有二岐路：

1）若于先心，无量净光，福德圆明，修证而住，如是一类，名广果天；

2）若于先心，双厌苦乐，精研舍心，相续不断，圆穷舍道，身心俱灭，心虑灰凝，经五百劫，是人既以，生灭为因，不能发明，不生灭性，初半劫灭，后半劫生，如是一类，名无想天。

“阿难！此四胜流，一切世间，诸苦乐境，所不能动，虽非无为，真不动地，有所得心，功用纯熟，名为四禅。

(六) 色界四禅“五不还天”

[注]

色界四禅“五不还天”：无烦天、无热天、善见天、善现天、色究竟天。

“阿难！此中复有，五不还天。于下界中，九品习气俱时灭尽，苦乐双亡，下无卜居，故于舍心，众同分中，安立居处。

1. 苦乐两灭，斗心不交，如是一类，名无烦天；

2. 机括独行，研交无地，如是一类，名无热天；

3. 十方世界，妙见圆澄，更无尘象，一切沉垢，如是一类，名善见天；

4. 精见现前，陶铸无碍，如是一类，名善现天；

5. 究竟群几，穷色性性，入无边际，如是一类，名色究竟天。

“阿难！此不还天，彼诸四禅，四位天王，独有钦闻，不能知见，如今世间，旷野深山，圣道场地，皆阿罗汉，所住持故，世间粗人，所不能见。

“阿难！是十八天，独行无交，未尽形累，自此已还，名为色界。

(七) 回心大阿罗汉：从色究竟天入菩萨乘

[注]

1. 色界三果罗汉，从色究竟天，发明智慧，入菩萨乘，称“回心大阿罗汉”；

2. 不用再断无色界三十六品思惑，而直接圆满四果罗汉，并入大乘菩萨道。

“复次，阿难！从是有顶色边际中，其间复有二种歧路。

“若于舍心，发明智慧，慧光圆通，便出尘界，成阿罗汉，入菩萨乘，如是一类，名为回心大阿罗汉。

（八）无色界四天

[注]

无色界四天：空无边、识无边、无所有、非想非非想。

1. “若在舍心，舍厌成就，觉身为碍，销碍入空，如是一类，名为空处；

2. 诸碍既销，无碍无灭，其中唯留阿赖耶识，全于末那半分微细，如是一类，名为识处；

3. 空色既亡，识心都灭，十方寂然，迥无攸往，如是一类，名无所有处；

4. 识性不动，以灭穷研，于无尽中，发宣尽性，如存不存，若尽非尽，如是一类，名为非想非非想处。

（九）不回心钝阿罗汉：三果罗汉断无色界思惑后证四果

[注]

1. 无色界三果罗汉，继续修行小乘，断无色界四地三十六品思惑后成就四果阿罗汉，称“不回心钝阿罗汉”；

2. 外道无想天众生，无想势力尽时，念想复起，重入轮回。

“此等穷空，不尽空理，从不还天圣道穷者，如是一类，名不回心钝阿罗汉。

“若从无想，诸外道天，穷空不归，迷漏无闻，便入轮转。

“阿难！是诸天上，各各天人，则是凡夫，业果酬答，答尽入轮。彼之天王，即是菩萨游三摩提，渐次增进，回向圣伦，所修行路。阿难！是四空天，身心灭尽，定性现前，无业果色，从此逮终，名无色界。

“此皆不了，妙觉明心，积妄发生，妄有三界，中间妄随，七趣沉溺，补特伽罗，各从其类。

八、四类阿修罗趣的因缘果报

[注]

四类阿修罗趣：

1. 鬼趣阿修罗：卵生，鬼趣上生，虚空居；

2. 人趣阿修罗：胎生，天趣下生，地居天；

3. 天趣阿修罗：化生，修罗王化生，空居天；

4. 畜生趣阿修罗：湿生，畜生转生，居海游空。

“复次，阿难！是三界中，复有四种，阿修罗类。

1. “若于鬼道，以护法力，成通入空，此阿修罗，从卵而生，鬼趣所摄；

2. 若于天中，降德贬坠，其所卜居，邻于日月，此阿修罗，从胎而出，人趣所摄；

3. 有修罗王，执持世界，力洞无畏，能与梵王及天帝释、四天争权，此阿修罗，因变化有，天趣所摄；

4. “阿难！别有一分下劣修罗，生大海心，沉水穴口，旦游虚空，暮归水宿，此阿修罗，因湿气有，畜生趣摄。

第四节　七趣总结：有无相倾起轮回性

“阿难！如是地狱、饿鬼、畜生、人及神仙、天及修罗，精研七趣，皆是昏沉，诸有为想，妄想受生，妄想随业，于妙圆明无作本心，皆如空花，元无所有，但一虚妄，更无根绪。阿难！此等众生，不识本心，受此轮回，经无量劫，不得真净，皆由随顺杀、盗、淫故，反此三种，又则出生无杀、盗、淫，有名鬼伦，无名天趣，有无相倾，起轮回性；若得妙发三摩提者，则妙常寂，有无二无、无二亦灭，尚无不杀、不偷、不淫，云何更随杀、盗、淫事？

“阿难！不断三业，各各有私，因各各私，众私同分，非无定处，自妄发生，生妄无因，无可寻究。汝勖[1]修行，欲得菩提，要除三惑，不尽三惑，纵得神通，皆是世间有为功用，习气不灭，落于魔道，虽欲除妄，倍加虚伪，如来说为，可哀怜者。汝妄自造，非菩提咎，作是说者，名为正说；若他说者，即魔王说。”

① 勖：xù，勉励。

第二章　修道进程中的魔境：五十“魔考”①

［注］

1. 所谓“魔考”，就是指“魔王大菩萨”②的“考试”；

2. 凡夫众生轮回三界，本来就是魔王眷属，如果通过了魔王的考试，就圆满证道，超越魔界系缚；

3. 粗略分类，魔王的考试，也就是“魔境”，有五十类，其中，色阴区宇十类、受阴区宇十类、想阴区宇十类、行阴区宇十类、识阴区宇十类；

4. 所有魔境都有一个共同的特性，那就是“二元对立性”，最根本的二元对立是能取和所取的对立；

5. 超越魔境关键在于通过奢摩他毗婆舍那现量内证法界实相的不二性、无自性性。

第一节　概说“奢摩他毗婆舍那”微细魔事

实时，如来将罢法座，于师子床揽七宝机，回紫金山再来凭倚，

① 传统上叫“五十阴魔”，“魔考”一词参照《大佛顶首楞严经义贯》（释成观，2012，苏州：弘化社承印）。

② 《维摩诘所说经》卷2：“十方无量阿僧祇世界中作魔王者，多是住不可思议解脱菩萨。以方便力，教化众生，现作魔王。”（《大正藏》册14，卷475，页547）

普告大众及阿难言："汝等有学缘觉、声闻，今日回心，趣大菩提无上妙觉，吾今已说真修行法，汝犹未识修奢摩他毗婆舍那，微细魔事，魔境现前，汝不能识，洗心非正，落于邪见，或汝阴魔，或复天魔，或着鬼神，或遭魑魅，心中不明，认贼为子，又复于中得少为足，如第四禅无闻比丘，妄言证圣，天报已毕，衰相现前，谤阿罗汉，身遭后有，堕阿鼻狱。汝应谛听，吾今为汝仔细分别。"

阿难起立并其会中同有学者，欢喜顶礼伏听慈诲。

一、魔界安立：迷乱妄想

佛告阿难及诸大众："汝等当知，有漏世界十二类生，本觉妙明，觉圆心体，与十方佛无二无别；由汝妄想，迷理为咎，痴爱发生，生发遍迷，故有空性。化迷不息，有世界生。则此十方微尘国土非无漏者，皆是迷顽妄想安立。当知虚空生汝心内，犹如片云点太清里，况诸世界在虚空耶？

二、魔事缘由：魔国振裂

"汝等一人，发真归元，此十方空，皆悉销殒，云何空中所有国土，而不振裂？汝辈修禅，饰三摩地，十方菩萨及诸无漏大阿罗汉，心精通吻，当处湛然；一切魔王及与鬼神诸凡夫天，见其宫殿无故崩裂，大地振坼[①]，水陆飞腾，无不惊慑。凡夫昏暗，不觉迁讹。彼等咸得五种神通，唯除漏尽，恋此尘劳，如何令汝摧裂其处？是故神鬼及诸天魔，魍魉妖精，于三昧时，佥[②]来恼汝。

① 坼：chè，裂开。
② 佥：qiān，皆。

三、魔乱成就：主人若迷，客得其便

"然彼诸魔，虽有大怒，彼尘劳内，汝妙觉中，如风吹光，如刀断水，了不相触。汝如沸浪，彼如坚冰，暖气渐邻，不日销殒，徒恃神力，但为其客。成就破乱，由汝心中五阴主人，主人若迷，客得其便。当处禅那，觉悟无惑，则彼魔事，无奈汝何。阴销入明，则彼群邪，咸受幽气，明能破暗，迷自销殒，如何敢留，扰乱禅定？若不明悟，被阴所迷，则汝阿难，必为魔子，成就魔人。如摩登伽，殊为眇劣，彼虽咒汝，破佛律仪八万行中只毁一戒，心清净故尚未沦溺，此乃隳汝，宝觉全身，如宰臣家，忽逢籍没，宛转零落，无可哀救。

第二节　色 阴 十 魔

［注］

1. 色阴区宇：坚固妄想为本；
2. 诸念尽时：精性妙明，动静不移，忆忘如一，入三摩提；
3. 初入色阴区宇：其念若尽，心未发光，如明目人，处大幽暗；
4. 色阴区宇尽时：十方洞开，见诸佛心，如明镜中，显现其像；
5. 色阴尽时：超越劫浊。

"阿难当知！汝坐道场，销落诸念，其念若尽，则诸离念一切精明，动静不移，忆忘如一，当住此处，入三摩提，如明目人，处大幽暗，精性妙净，心未发光，此则名为，色阴区宇；若目明朗，十方洞开，无复幽黯，名色阴尽，是人则能，超越劫浊。观其所由，坚固妄想，以为其本。

一、色阴一魔：四大不织，身能出碍

“阿难！当在此中，精研妙明，四大不织，少选之间身能出碍，此名精明流溢前境。斯但功用，暂得如是，非为圣证，不作圣心，名善境界；若作圣解，即受群邪。

二、色阴二魔：其身内彻，身内拾虫

“阿难！复以此心，精研妙明，其身内彻，是人忽然于其身内拾出蛲蛔，身相宛然亦无伤毁，此名精明流溢形体。斯但精行，暂得如是，非为圣证，不作圣心，名善境界；若作圣解，即受群邪。

三、色阴三魔：精魂互涉，闻听十方

“又以此心，内外精研，其时魂魄、意志、精神，除执受身余皆涉入，互为宾主，忽于空中闻说法声，或闻十方同敷密义，此名精魂递相离合。成就善种，暂得如是，非为圣证，不作圣心，名善境界；若作圣解，即受群邪。

四、色阴四魔：心光研明，见百千佛

“又以此心，澄露皎彻，内光发明，十方遍作阎浮檀色，一切种类化为如来，于时忽然见毗卢遮那踞天光台，千佛围绕，百亿国土及与莲华俱时出现，此名心魂灵悟所染。心光研明，照诸世界，暂得如是，非为圣证，不作圣心，名善境界；若作圣解，即受群邪。

五、色阴五魔：定力超慧，空遍宝色

“又以此心，精研妙明，观察不停，抑按降伏，制止超越，于时忽然十方虚空成七宝色或百宝色，同时遍满不相留碍，青黄赤白各各纯现，此名抑按功力逾分。暂得如是，非为圣证，不作圣心，名善境界；若作圣解，即受群邪。

六、色阴六魔：精光细密，暗室见物

"又以此心，研究澄澈，精光不乱，忽于夜合，在暗室内见种种物，不殊白昼，而暗室物亦不除灭，此名心细密澄其见，所视洞幽。暂得如是，非为圣证，不作圣心，名善境界；若作圣解，即受群邪。

七、色阴七魔：四大并纯，刀火无伤

"又以此心，圆入虚融，四肢忽然同于草木，火烧刀斫曾无所觉，又则火光不能烧爇，纵割其肉犹如削木，此名尘并，排四大性一向入纯。暂得如是，非为圣证，不作圣心，名善境界；若作圣解，即受群邪。

八、色阴八魔：净心凝极，佛国遍满

"又以此心，成就清净，净心功极，忽见大地十方山河，皆成佛国，具足七宝，光明遍满，又见恒沙诸佛如来，遍满空界楼殿华丽，下见地狱，上观天宫，得无障碍，此名欣厌凝想日深想久化成。非为圣证，不作圣心，名善境界；若作圣解，即受群邪。

九、色阴九魔：迫心飞出，遥视遥听

"又以此心，研究深远，忽于中夜遥见远方，市井街巷，亲族眷属，或闻其语，此名迫心逼极飞出，故多隔见。非为圣证，不作圣心，名善境界；若作圣解，即受群邪。

十、色阴十魔：精魔入心，说法形变

"又以此心，研究精极，见善知识形体变移，少选无端种种迁改，此名邪心含受魑魅，或遭天魔入其心腹，无端说法通达妙义。非为圣证，不作圣心，魔事销歇；若作圣解，即受群邪。

“阿难！如是十种禅那现境，皆是色阴，用心交互，故现斯事，众生顽迷，不自忖量，逢此因缘，迷不自识，谓言登圣，大妄语成，堕无间狱。汝等当依，如来灭后于末法中宣示斯义，无令天魔得其方便，保持覆护，成无上道。

第三节　受阴十魔

［注］

1. 受阴区宇：虚明妄想为本；

2. 色阴尽时：十方洞开，见诸佛心，如明镜中，显现其像；

3. 初入受阴区宇：见而无用，犹如魇人，见闻不惑，身不能动；

4. 受阴区宇尽时：虽未漏尽，心离其形，得意生身，如鸟出笼；

5. 受阴尽时：超越见浊。

“阿难！彼善男子，修三摩提，奢摩他中色阴尽者，见诸佛心如明镜中显现其像，若有所得而未能用，犹如魇人手足宛然，见闻不惑，心触客邪而不能动，此则名为受阴区宇；若魇咎歇，其心离身，返观其面，去住自由，无复留碍，名受阴尽，是人则能超越见浊。观其所由，虚明妄想，以为其本。

一、悲魔入心：内抑过分，发无穷悲

“阿难！彼善男子当在此中得大光耀，其心发明内抑过分，忽于其处发无穷悲，如是乃至观见蚊虻犹如赤子，心生怜愍不觉流泪，此名功用抑摧过越。悟则无咎，非为圣证，觉了不迷，久自销

歇；若作圣解，则有悲魔，入其心府，见人则悲，啼泣无限，失于正受，当从沦坠。

二、狂魔入心：感激过分，生无限勇

“阿难！又彼定中诸善男子，见色阴销受阴明白，胜相现前感激过分，忽于其中生无限勇，其心猛利，志齐诸佛，谓三僧祇一念能越，此名功用凌率过越。悟则无咎，非为圣证，觉了不迷，久自销歇；若作圣解，则有狂魔入其心腑，见人则夸，我慢无比，其心乃至上不见佛、下不见人，失于正受，当从沦坠。

三、忆魔入心：前亡后远，忆中隳地

“又彼定中诸善男子，见色阴销受阴明白，前无新证归失故居，智力衰微，入中隳地，迥无所见，心中忽然生大枯渴，于一切时沉忆不散，将此以为勤精进相，此名修心无慧自失。悟则无咎，非为圣证；若作圣解，则有忆魔入其心腑，旦夕撮心悬在一处，失于正受，当从沦坠。

四、易知足魔入心：慧力过定，得少为足

“又彼定中诸善男子，见色阴销受阴明白，慧力过定失于猛利，以诸胜性怀于心中，自心已疑是卢舍那，得少为足，此名用心亡失恒审，溺于知见。悟则无咎，非为圣证；若作圣解，则有下劣易知足魔入其心腑，见人自言：‘我得无上第一义谛。’失于正受，当从沦坠。

五、常忧愁魔入心：前亡后远，生艰险忧

“又彼定中诸善男子，见色阴销受阴明白，新证未获故心已亡，

历览二际自生艰险，于心忽然生无尽忧，如坐铁床如饮毒药，心不欲活常求于人，令害其命早取解脱，此名修行失于方便。悟则无咎，非为圣证；若作圣解，则有一分常忧愁魔入其心腑，手执刀剑自割其肉欣其舍寿，或常忧愁走入山林不耐见人，失于正受，当从沦坠。

六、好喜乐魔入心：生无限喜，欢悦不止

“又彼定中诸善男子，见色阴销受阴明白，处清净中，心安隐后，忽然自有无限喜生，心中欢悦不能自止，此名轻安无慧自禁。悟则无咎，非为圣证；若作圣解，则有一分好喜乐魔入其心腑，见人则笑，于衢路傍自歌自舞，自谓已得无碍解脱，失于正受，当从沦坠。

七、大我慢魔入心：自谓已足，尚轻诸佛

“又彼定中诸善男子，见色阴销受阴明白，自谓已足，忽有无端大我慢起，如是乃至慢与过慢，及慢过慢，或增上慢，或卑劣慢一时俱发，心中尚轻十方如来，何况下位声闻、缘觉，此名见胜无慧自救。悟则无咎，非为圣证；若作圣解，则有一分大我慢魔入其心腑，不礼塔庙摧毁经像，谓檀越言：‘此是金铜或是土木，经是树叶或是迭花，肉身真常不自恭敬，却崇土木实为颠倒。’其深信者从其毁碎埋弃地中，疑误众生入无间狱，失于正受，当从沦坠。

八、好清轻魔入心：无量轻安，满足止进

“又彼定中诸善男子，见色阴销受阴明白，于精明中圆悟精理得大随顺，其心忽生无量轻安，已言成圣得大自在，此名因慧获诸轻清。悟则无咎，非为圣证；若作圣解，则有一分好清轻魔入其心

腑，自谓满足更不求进，此等多作无闻比丘，疑谤后生堕阿鼻狱，失于正受，当从沦坠。

九、断灭空魔入心：净秽皆空，拔无因果

“又彼定中诸善男子，见色阴销受阴明白，于明悟中得虚明性，其中忽然归向永灭，拨无因果一向入空，空心现前，乃至心生长断灭解。悟则无咎，非为圣证；若作圣解，则有空魔入其心腑，乃谤持戒名为小乘，菩萨悟空有何持犯？其人常于信心檀越，饮酒啖肉广行淫秽，因魔力故摄其前人不生疑谤，鬼心久入或食屎尿与酒肉等，一种俱空[①]，破佛律仪误入人罪，失于正受，当从沦坠。

十、欲魔入心：误溺贪爱，广行淫欲

“又彼定中诸善男子，见色阴销受阴明白，味其虚明深入心骨，其心忽有无限爱生，爱极发狂便为贪欲，此名定境安顺入心，无慧自持误入诸欲。悟则无咎，非为圣证；若作圣解，则有欲魔入其心腑，一向说欲为菩提道，化诸白衣平等行欲，其行淫者名持法子，神鬼力故，于末世中摄其凡愚其数至百，如是乃至一百二百或五六百，多满千万，魔心生厌，离其身体，威德既无，陷于王难，疑误众生入无间狱，失于正受，当从沦坠。

“阿难！如是十种禅那现境，皆是受阴、用心交互故现斯事，众生顽迷不自忖量，逢此因缘迷不自识谓言登圣，大妄语成堕无间狱。汝等亦当将如来语，于我灭后传示末法，遍令众生开悟斯义，无令天魔得其方便，保持覆护成无上道。

① 一种即一性，谓净秽之相，其性唯一，都是空，故没有净秽之别。

第四节　想 阴 十 魔

［注］

1. 想阴区宇：融通妄想为本；

2. 受阴尽时：虽未漏尽，心离其形，得意生身，如鸟出笼；

3. 初入想阴区宇：心不真明，熟寐呓言，已成伦次，悟不寐者；

4. 想阴区宇尽时：梦想销灭，寤寐恒一，了无陈习，过无踪迹；

5. 想阴尽时：超越烦恼浊。

"阿难！彼善男子，修三摩提，受阴尽者，虽未漏尽，心离其形如鸟出笼，已能成就从是凡身上历菩萨六十圣位，得意生身，随往无碍[①]。譬如有人熟寐呓言，是人虽则无别所知，其言已成音韵伦次，令不寐者咸悟其语，此则名为想阴区宇；若动念尽，浮想销除，于觉明心如去尘垢，一伦死生首尾圆照，名想阴尽，是人则能超烦恼浊。观其所由，融通妄想，以为其本。

一、怪鬼附体：心爱圆明，贪求善巧

"阿难！彼善男子，受阴虚妙不遭邪虑圆定发明，三摩地中，心爱圆明，锐其精思，贪求善巧。尔时天魔候得其便，飞精附人，口说经法，其人不觉是其魔着，自言谓得无上涅槃，来彼求巧善男子处，敷座说法。其形斯须或作比丘令彼人见，或为帝释，或为妇女，或比丘尼，或寝暗室身有光明。是人愚迷，惑为菩萨，信其教化，摇荡其心，破佛律仪潜行贪欲，口中好言灾祥变异，或言如来某处出世，

① 受阴尽后，虽未漏尽，是凡夫身，但可以意生身随意往来六十圣位菩萨之处。

或言劫火，或说刀兵，恐怖于人令其家资无故耗散，此名怪鬼，年老成魔，恼乱是人；厌足心生，去彼人体，弟子与师俱陷王难。汝当先觉，不入轮回；迷惑不知，堕无间狱。

二、魃鬼附体：心爱游荡，贪求经历

"阿难！又善男子，受阴虚妙不遭邪虑圆定发明，三摩地中，心爱游荡，飞其精思，贪求经历。尔时天魔候得其便，飞精附人口说经法，其人亦不觉知魔着，亦言自得无上涅槃，来彼求游善男子处，敷座说法。自形无变，其听法者忽自见身坐宝莲华，全体化成紫金光聚，一众听人各各如是，得未曾有。是人愚迷，惑为菩萨，淫逸其心，破佛律仪潜行贪欲，口中好言诸佛应世，某处某人当是某佛化身来此，某人即是某菩萨等来化人间，其人见故心生倾渴[①]，邪见密兴，种智销灭，此名魃鬼，年老成魔，恼乱是人；厌足心生去彼人体，弟子与师俱陷王难。汝当先觉，不入轮回；迷惑不知，堕无间狱。

三、魅鬼附体：心爱绵吻，贪求契合

"又善男子，受阴虚妙不遭邪虑圆定发明，三摩地中，心爱绵吻[②]，澄其精思，贪求契合。尔时天魔候得其便，飞精附人口说经法，其人实不觉知魔着，亦言自得无上涅槃，来彼求合善男子处，敷座说法。其形及彼听法之人，外无迁变，令其听者未闻法前，心自开悟，念念移易，或得宿命，或有他心，或见地狱，或知人间好恶诸事，或口说偈，或自诵经，各各欢喜，得未曾有。是人愚迷，惑为菩萨，

① 修行者因为见到魃魔如是神通妙用，心中就产生了无限的倾仰渴望。
② 吻，合也。以为定力绵密不断，期望吻合妙用境界。

绵爱其心，破佛律仪潜行贪欲，口中好言佛有大小，某佛先佛，某佛后佛，其中亦有真佛假佛、男佛女佛，菩萨亦然，其人见故[1]洗涤本心，易入邪悟，此名魅鬼，年老成魔恼乱是人；厌足心生去彼人体，弟子与师俱陷王难。汝当先觉，不入轮回；迷惑不知，堕无间狱。

四、蛊毒魇胜鬼附体：心爱根本，贪求辨析

"又善男子，受阴虚妙不遭邪虑圆定发明，三摩地中，心爱根本，穷览物化性之终始，精爽其心贪求辨析。尔时天魔候得其便，飞精附人口说经法，其人先不觉知魔着，亦言自得无上涅槃，来彼求元善男子处，敷座说法。身有威神，摧伏求者，令其座下虽未闻法自然心伏，是诸人等，将佛涅槃菩提法身，即是现前我肉身上，父父子子递代相生，即是法身常住不绝，都指现在即为佛国，无别净居及金色相，其人信受，忘失先心，身命归依，得未曾有。是等愚迷，惑为菩萨，推究其心，破佛律仪潜行贪欲，口中好言眼耳鼻舌皆为净土，男女二根即是菩提涅槃真处，彼无知者信是秽言，此名蛊毒魇胜恶鬼，年老成魔，恼乱是人。厌足心生，去彼人体；弟子与师俱陷王难。汝当先觉，不入轮回；迷惑不知，堕无间狱。

五、疠鬼附体：心爱悬应，贪求冥感

"又善男子，受阴虚妙不遭邪虑圆定发明，三摩地中，心爱悬应，周流精研，贪求冥感。尔时天魔候得其便，飞精附人口说经法，其人元不觉知魔着，亦言自得无上涅槃，来彼求应善男子处，敷座说法。能令听众暂见其身如百千岁，心生爱染不能舍离，身为奴

---

① 修行者因为见到魅魔如是神通妙用的缘故，所以原来的修行之心就像洗涤过一般。

仆，四事供养不觉疲劳，各各令其座下人心，知是先师本善知识，别生法爱，粘如胶漆得未曾有。是人愚迷，惑为菩萨，亲近其心，破佛律仪潜行贪欲，口中好言：‘我于前世、于某生中先度某人，当时是我妻妾兄弟，今来相度与汝相随，归某世界供养某佛。’或言别有大光明天，佛于中住，一切如来所休居地。彼无知者，信是虚诳遗失本心，此名疠鬼，年老成魔，恼乱是人。厌足心生，去彼人体；弟子与师俱陷王难。汝当先觉，不入轮回；迷惑不知，堕无间狱。

六、大力鬼附体：心爱深入，贪求静谧

“又善男子，受阴虚妙不遭邪虑圆定发明，三摩地中，心爱深入，克己辛勤，乐处阴寂，贪求静谧。尔时天魔候得其便，飞精附人口说经法，其人本不觉知魔着，亦言自得无上涅槃，来彼求阴善男子处，敷座说法。令其听人，各知本业，或于其处语一人言：‘汝今未死，已作畜生。’敕使一人于后踏尾，顿令其人起不能得，于是一众倾心钦伏。有人起心已知其肇，佛律仪外，重加精苦，诽谤比丘、骂詈徒众、讦露人事不避讥嫌，口中好言未然祸福，及至其时毫发无失，此大力鬼，年老成魔，恼乱是人。厌足心生，去彼人体；弟子与师多陷王难。汝当先觉，不入轮回；迷惑不知，堕无间狱。

七、山林土地城隍川岳鬼神：心爱知见，贪求宿命

“又善男子，受阴虚妙不遭邪虑圆定发明，三摩地中，心爱知见，勤苦研寻，贪求宿命。尔时天魔候得其便，飞精附人口说经法，其人殊不觉知魔着，亦言自得无上涅槃，来彼求知善男子处，敷座说法。是人无端于说法处得大宝珠，其魔或时化为畜生，口衔其珠及杂珍宝，简策符牍诸奇异物，先授彼人，后着其体，或诱听人，藏于地下有明月珠照耀其处，是诸听者得未曾有。多食药草，不餐嘉

膳，或时日餐一麻一麦，其形肥充，魔力持故，诽谤比丘骂詈徒众不避讥嫌，口中好言他方宝藏，十方圣贤潜匿之处，随其后者，往往见有奇异之人，此名山林土地城隍川岳鬼神，年老成魔，或有宣淫破佛戒律，与承事者潜行五欲，或有精进纯食草木，无定行事恼乱彼人。厌足心生，去彼人体；弟子与师多陷王难。汝当先觉，不入轮回；迷惑不知，堕无间狱。

八、大力精魅仙怪附体：心爱神通，贪取神力

"又善男子，受阴虚妙不遭邪虑圆定发明，三摩地中，心爱神通，种种变化，研究化元，贪取神力。尔时天魔候得其便，飞精附人口说经法，其人诚不觉知魔着，亦言自得无上涅槃，来彼求通善男子处，敷座说法。是人或复手执火光，手撮其光，分于所听四众头上，是诸听人顶上火光皆长数尺，亦无热性，曾不焚烧；或水上行如履平地；或于空中安坐不动；或入瓶内，或处囊中；越牖透垣，曾无障碍；唯于刀兵，不得自在。自言是佛，身着白衣受比丘礼，诽谤禅律，骂詈徒众，讦露人事，不避讥嫌，口中常说神通自在，或复令人傍见佛土，鬼力惑人，非有真实，赞叹行淫不毁粗行，将诸猥[①]媟[②]以为传法，此名天地大力山精、海精、风精、河精、土精，一切草树积劫精魅，或复龙魅，或寿终仙再活为魅，或仙期终计年应死，其形不化他怪所附，年老成魔，恼乱是人。厌足心生，去彼人体；弟子与师多陷王难。汝当先觉，不入轮回；迷惑不知，堕无间狱。

九、小精灵附体：心爱入灭，贪求深空

"又善男子，受阴虚妙不遭邪虑圆定发明，三摩地中，心爱入

① 猥：wěi，鄙陋，下流。
② 媟：xiè，同"亵"，轻薄，不恭敬。

灭，研究化性，贪求深空。尔时天魔候得其便，飞精附人口说经法，其人终不觉知魔着，亦言自得无上涅槃，来彼求空善男子处，敷座说法。于大众内，其形忽空，众无所见，还从虚空突然而出，存没自在，或现其身洞如琉璃，或垂手足作旃檀气，或大小便如厚石蜜，诽毁戒律，轻贱出家，口中常说无因无果，一死永灭无复后身，及诸凡圣虽得空寂，潜行贪欲受其欲者，亦得空心拨无因果，此名日月薄蚀精气金玉芝草麟凤龟鹤，经千万年不死为灵，出生国土，年老成魔，恼乱是人。厌足心生，去彼人体；弟子与师多陷王难。汝当先觉，不入轮回；迷惑不知，堕无间狱。

十、住世自在天魔附体：心爱长寿，贪求永岁

"又善男子，受阴虚妙不遭邪虑圆定发明，三摩地中，心爱长寿，辛苦研几，贪求永岁，弃分段生，顿希变易细相常住。尔时天魔候得其便，飞精附人口说经法，其人竟不觉知魔着，亦言自得无上涅槃，来彼求生善男子处，敷座说法。好言他方往还无滞，或经万里瞬息再来，皆于彼方取得其物，或于一处，在一宅中，数步之间令其从东诣至西壁，是人急行累年不到，因此心信，疑佛现前。口中常说，十方众生皆是吾子，我生诸佛、我出世界、我是元佛，出生自然，不因修得，此名住世自在天魔，使其眷属，如遮文茶及四天王毗舍童子未发心者，利其虚明，食彼精气[①]；或不因师其修行人亲自观见(魔自)[②]称执金刚，与汝长命；(并)[③]现美女身，盛行贪欲。未逾年岁，肝脑枯竭，口兼独言，听若魅魅，前人未详，多陷王难，未及遇

① 魔王指使其未发菩提心之鬼神眷属，利用修行者之定心虚通明了，容易侵入，而食彼精气。

② "魔自"为方便理解添加，非原经文字。

③ "并"为方便理解添加，非原经文字。

刑，先已干死，恼乱彼人，以至殂殒。汝当先觉，不入轮回；迷惑不知，堕无间狱。

十一、预言：此十魔将于末法中坏乱正法

“阿难！当知是十种魔于末世时，在我法中出家修道，或附人体，或自现形，皆言已成正遍知觉，赞叹淫欲，破佛律仪，先恶魔师与魔弟子淫淫相传，如是邪精，魅其心腑，近则九生，多逾百世，令真修行，总为魔眷，命终之后，必为魔民，失正遍知，堕无间狱。汝今未须，先取寂灭，纵得无学，留愿入彼末法之中起大慈悲，救度正心深信众生，令不着魔，得正知见。我今度汝，已出生死，汝遵佛语，名报佛恩。

“阿难！如是十种禅那现境，皆是想阴、用心交互，故现斯事，众生顽迷不自忖量，逢此因缘迷不自识，谓言登圣，大妄语成，堕无间狱。汝等必须将如来语，于我灭后传示末法，遍令众生开悟斯义，无令天魔得其方便，保持覆护，成无上道。”

（第十卷）

第五节　行阴十魔

[注]

1. 行阴区宇：幽隐妄想为本；

2. 想阴尽时：梦想销灭，寤寐恒一，了无陈习，过无踪迹；

3. 初入行阴区宇：明生灭根，野马熠熠，但于各类，未通本由；

4. 行阴区宇尽时：六根虚静，内外湛明，生灭寂止，唯一识性；

5. 行阴尽时：超越众生浊。

"阿难！彼善男子，修三摩提，想阴尽者，是人平、常[①]，梦想销灭，寤寐恒一，觉明虚静，犹如晴空，无复粗重前尘影事，观诸世间大地河山，如镜鉴明，来无所粘，过无踪迹，虚受照应，了罔[②]陈习，唯一精真。生灭根元，从此披露，见诸十方十二众生，毕殚其类，虽未通其各命由绪，见同生基，犹如野马熠熠清扰，为浮根尘究竟枢穴，此则名为行阴区宇；若此清扰熠熠元性，性入元澄，一澄元习，如波澜灭化为澄水，名行阴尽，是人则能超众生浊。观其所由，幽隐妄想以为其本。

一、二无因论：计度圆元

[注]

二无因论：

1. 始无因：观见众生八万劫内，无因自然而有，轮回不息；

---

① 持心平等，常住正定，参考《大佛顶首楞严经义贯》。

② 了罔：无。

2. 末无因：观见白非洗成，黑非染造，人自然由人生，鸟自然由鸟生，非别有因，八万劫内无复改移，而我八万劫前本来不从菩提之因而生，怎么可能八万劫后成就菩提之果？

3. 只能够观见八万劫内，不能够观见八万劫外。

“阿难当知，是得正知奢摩他中诸善男子，凝明正心，十类天魔不得其便，方得精研，穷生类本，于本类中生元露者，观彼幽清圆扰动元，于圆元中，起计度者，是人坠入二无因论。

“一者，是人见本无因。何以故？是人既得生机全破，乘于眼根八百功德，见八万劫所有众生，业流湾环，死此生彼，只见众生轮回其处，八万劫外冥无所观，便作是解：‘此等世间十方众生，八万劫来无因自有。’由此计度亡正遍知，堕落外道，惑菩提性。

“二者，是人见末无因。何以故？是人于生既见其根，知人生人，悟鸟生鸟，乌从来黑，鹄从来白，人天本竖，畜生本横，白非洗成，黑非染造，从八万劫无复改移，今尽此形，亦复如是，而我本来，不见菩提，云何更有成菩提事？当知今日一切物象，皆本无因。

“由此计度，亡正遍知，堕落外道，惑菩提性，是则名为，第一外道立‘无因论’。

二、四遍常论：计度圆常

[注]

1. 一遍常论：修习证见二万劫生灭咸皆循环，执心境本常，非有因生；

2. 二遍常论：修习证见四万劫生灭咸皆循环，执四大本常，非有因生；

3. 三遍常论：修习证见八万劫生灭咸皆循环，执八识本常，非有因生；

4. 四遍常论：以灭除生灭想阴之后的状态为真常。

"阿难！是三摩中诸善男子，凝明正心魔不得便，穷生类本，观彼幽清常扰动元，于圆常中，起计度者，是人坠入四遍常论。

"一者，是人穷心境性二处无因；修习能知，二万劫中十方众生所有生灭，咸皆循环不曾散失，计以为常。

"二者，是人穷四大元，四性常住；修习能知，四万劫中十方众生所有生灭，咸皆体恒不曾散失，计以为常。

"三者，是人穷尽六根、末那、执受，心、意、识中，本元由处性常恒故；修习能知八万劫中，一切众生循环不失，本来常住，穷不失性，计以为常。

"四者，是人既尽想元，生理更无流止运转，生灭想心今已永灭，理中自然成不生灭①，因心所度，计以为常。

"由此计常，亡正遍知，堕落外道，惑菩提性，是则名为，第二外道立'圆常论'。

三、常无常各一分论：计度自他

[注]

"一分常论"，也就是"常与无常各有一分"：

1. "自我心性"为常，"一切众生"为无常，众生于我心性中，自生自死；

① 按照生灭道理来讲，既然有生灭的想阴灭尽，不再有轮回流转，自然就应该证得了不生不灭。

2. 十方恒沙国土中“劫不坏处”为常，“劫坏处”为无常；

3. 自我心性中之“不坏性、不动性”为常，“所流出之一切死生”为无常；

4. “行阴”为常，“色阴、受阴、想阴”为无常。

“又三摩中诸善男子，坚凝正心魔不得便，穷生类本，观彼幽清常扰动元，于自他中，起计度者，是人坠入四颠倒见，一分无常一分常论。

“一者，是人观妙明心遍十方界湛然，以为究竟神我，从是则计我遍十方凝明不动，一切众生于我心中自生自死，则我心性，名之为常，彼生灭者真无常性。

“二者，是人不观其心，遍观十方恒沙国土，见劫坏处，名为究竟无常种性，劫不坏处，名究竟常。

“三者，是人别观我心，精细微密犹如微尘，流转十方性无移改，能令此身即生即灭，其不坏性，名我性常，一切死生从我流出，名无常性。

“四者，是人知想阴尽，见行阴流，行阴常流，计为常性，色受想等今已灭尽，名为无常。

“由此计度一分无常一分常故，堕落外道，惑菩提性，是则名为，第三外道立‘一分常论’。

四、四有边论：计度分位

[注]

1. 三世分位：现在的相续心无有间断，故无边，过去已灭，未来未至，故有边；

2. 见闻分位：八万劫前，不见众生，故无边，八万劫后，方有众生，名为有边；

3. 自他分位：一切众生现我知中，故我知无边，但众生不知我，故众生知有边；

4. 生灭分位：一切众生和世界，都是半生半灭，一半属于生，即有边，一半属于灭，即无边。

5. 关于生灭分位的另一种解释：

色阴、受阴、想阴、行阴，有生有灭，属于生，故有边，行阴之后，无有生灭，属于灭，故无边。[①]

"又三摩中诸善男子，坚凝正心魔不得便，穷生类本，观彼幽清常扰动元，于分位中，生计度者，是人坠入四有边论。

"一者，是人心计生元流用不息，计过、未者名为有边，计相续心名为无边。

"二者，是人观八万劫，则见众生八万劫前寂无闻见，无闻见处名为无边，有众生处名为有边。

"三者，是人计我遍知，得无边性，彼一切人现我知中，我曾不知彼之知性[②]，名彼不得无边之心，但有边性。

"四者，是人穷行阴空，以其所见心路[③]筹度，一切众生一身之中，计其咸皆半生半灭，明其世界一切所有，一半有边一半无边。

"由此计度有边无边，堕落外道，惑菩提性，是则名为，第四外

---

① 《楞严经正脉疏》卷 10："穷行阴空者。盖斯人穷至行阴不了区宇未空。而遂谓真空寂灭之性。故下半生半灭。乃据见妄度众生身中。自想阴以前半属于生。自行阴以后半属于灭。更判生为有边灭为无边。而意取行阴空寂。为无限际之胜性也。"(《卍新纂续藏经》册 12，卷 275，页 464)

② 应该为"彼曾不知，我之知性"，义理顺畅，比较妥当。参考《大佛顶首楞严经浅释》(释宣化，1987，中国台北：法界佛教总会法界佛教大学)。

③ 心路，是指通过修行逐步销除色阴、受阴、想阴和行阴的心路历程。

道立'有边论'。

五、四无想天矫乱论：计度知见

[注]

1. 八亦论(八不确定)：亦生亦灭，亦有亦无，亦增亦减，亦常亦无常；

2. 唯无论：一切法皆归于无，最终归灭；

3. 唯有论：一切法皆归于有，灭后仍生；

4. 有无混乱论：虽然是生，但也是灭，但灭者不一定更有生；有无混乱，不可穷黠。

"又三摩中诸善男子，坚凝正心魔不得便，穷生类本，观彼幽清常扰动元，于知见中，生计度者，是人坠入四种颠倒，不死矫乱遍计虚论。

"一者，是人观变化元，见迁流处名之为变，见相续处名之为恒；见所见处名之为生，不见见处名之为灭；相续之因性不断处名之为增，正相续中'中所离处'名之为减；各各生处名之为有，互互亡处名之为无。以理都观，用心别见。有求法人来问其义，答言：'我今亦生亦灭，亦有亦无，亦增亦减。'于一切时皆乱其语，令彼前人遗失章句。

"二者，是人谛观其心，互互无处，因无得证，有人来问，唯答一字，但言其'无'，除'无'之余无所言说。

"三者，是人谛观其心，各各有处，因有得证，有人来问，唯答一字，但言其'是'，除'是'之余无所言说。

"四者，是人有无俱见，其境枝[①]故，其心亦乱，有人来问，答言

① 枝，指有分歧，即观到有，又观到无，心性混乱，不能抉择。

‘亦有即是亦无，亦无之中不是亦有’，一切矫乱，无容穷诘。

“由此计度矫乱虚无，堕落外道，惑菩提性，是则名为，第五外道立‘四颠倒性，不死矫乱遍计虚论’。

六、死后十六种有相论[①]：计度无尽流

[注][②]

1.“死后有相论”共计十六种有相，色阴、受阴、想阴、行阴各四相：

认为色阴、受阴、想阴、行阴之相虽然可以销除，但在死后仍然可以再从行阴中生起来。并由此而继续推论：烦恼尽摄染法，菩提尽摄净法，各行其道，互不影响，就像四阴一样，虽然可以灭，但死后仍然可以生。生和灭，互不影响，各行其道。

2. 色阴四种有相论：

1）认为四大之色就是真我，因喜欢固守身形故；

2）认为我大色小，色在真我中，因观见我性圆融，含括十方国土故；

3）认为我小色大，真我在色中，因观见我性依于四大之色而得存续故；

4）认为色从属于真我，因观见现前所缘之色，能任我回旋运用故。

3. 受阴、想阴、行阴各四种：

1）认为受阴、想阴、行阴就是我；

2）认为我大受阴、想阴、行阴小，受阴、想阴、行阴在我中；

① 因为还没有观到第五“识阴”，所以只能在已经观察到的四阴中计度，故只有十六相。

② 参考《大佛顶首楞严经义贯》。

3）认为我小受阴、想阴、行阴大，我在受阴、想阴、行阴中；

4）认为受阴、想阴、行阴从属于真我，任我运用、控制。

"又三摩中诸善男子，坚凝正心魔不得便，穷生类本，观彼幽清常扰动元，于无尽流，生计度者，是人坠入死后有相，发心颠倒。或自固身，云色是我；或见我圆，含遍国土，云我有色；或彼前缘随我回复，云色属我；或复我依'行'中相续，云我在色。皆计度言，死后有相，如是循环，有十六相，从此惑计，毕竟烦恼、毕竟菩提，两性并驱，各不相触。

"由此计度死后有故，堕落外道，惑菩提性，是则名为，第六外道立'五阴中死后有相心颠倒论'。

七、生前死后八无相论[①]：计度除灭色受想

[注][②]

生前死后八无相论：

1. 色阴生前无相，死后无相；
2. 受阴生前无相，死后无相；
3. 想阴生前无相，死后无相；
4. 行阴生前无相，死后无相；
5. 由八无相推论：因果、涅槃一切皆空，究竟断灭。

"又三摩中诸善男子，坚凝正心魔不得便，穷生类本，观彼幽清常扰动元，于先除灭色受想中，生计度者，是人坠入死后无相，发心

---

① 因为还没有观到第五"识阴"，所以只能在已经观察到的四阴中计度，故只有八无相。

② 参考《大佛顶首楞严经义贯》。

颠倒。见其色灭，形无所因；观其想灭，心无所系；知其受灭，无复连缀；阴性销散，纵有生理，而无受想，与草木同；此质现前犹不可得，死后云何更有诸相？因之勘校死后相无，如是循环，有八无相。从此或计涅槃、因果一切皆空，徒有名字，究竟断灭。

“由此计度，死后无故，堕落外道，惑菩提性，是则名为，第七外道立‘五阴中死后无相心颠倒论’。

八、死后八俱非论：双计有无

[注][1]

色阴、受阴、想阴、行阴中各有八种俱非论：

有、无、非有、非无、亦有亦无、非亦有非亦无、非有非无、非非有非非无。

“又三摩中诸善男子，坚凝正心魔不得便，穷生类本，观彼幽清常扰动元，于行存中兼受想灭，双计有无，自体相破，是人坠入死后俱非，起颠倒论。色、受、想中，见有非有，行迁流内，观无不无，如是循环，穷尽阴界，八俱非相。随得一缘，皆言死后有相、无相。又计诸行，性迁讹故，心发通悟，有无俱非，虚实失措。

“由此计度，死后俱非，后际昏懵，无可道故，堕落外道，惑菩提性，是则名为，第八外道立‘五阴中死后俱非心颠倒论’。

九、死后七际断灭论：计度后后无

[注]

1. 观一切法，终归于灭，灭已无复，故推论七际断灭；

---

① 参考《大佛顶首楞严经义贯》。

2. 七际，即人、天七处：

人间四大洲（一处）、欲界六天（一处）、色界四天（四处）、无色界（一处）。

"又三摩中诸善男子，坚凝正心魔不得便，穷生类本，观彼幽清常扰动元，于后后无，生计度者，是人坠入七断灭论，或计身灭，或欲尽灭，或苦尽灭，或极乐灭，或极舍灭，如是循环，穷尽七际，现前销灭，灭已无复。

"由此计度死后断灭，堕落外道，惑菩提性，是则名为，第九外道立'五阴中死后断灭心颠倒论'。

十、五处涅槃论：计度后后有

［注］

1. 以有漏的五个处所为究竟涅槃之处；

2. 五个处所：欲界六天和色界四个禅天。

"又三摩中诸善男子，坚凝正心，魔不得便，穷生类本，观彼幽清常扰动元，于后后有，生计度者，是人坠入五涅槃论。或以欲界为正转依，观见圆明生爱慕故；或以初禅性无忧故；或以二禅心无苦故；或以三禅极悦随故；或以四禅苦乐二亡，不受轮回生灭性故。迷有漏天作无为解，五处安隐为胜净依，如是循环，五处究竟。

"由此计度五现涅槃，堕落外道惑菩提性，是则名为，第十外道立'五阴中五现涅槃心颠倒论'。

"阿难！如是十种禅那狂解，皆是行阴用心交互，故现斯悟，众生顽迷，不自忖量，逢此现前，以迷为解，自言登圣，大妄语成，堕无间狱。汝等必须将如来语，于我灭后传示末法，遍令众生觉了斯义，无令心魔自起深孽，保持覆护，消息邪见，教其身心开觉真义，于无上道不遭枝岐，勿令心祈得少为足，作大觉王清净标指。

第六节　识阴十魔

[注][1]

1. 识阴区宇：颠倒精想为本；

2. 行阴尽时：六根虚静，内外湛明，生灭寂止，唯一识性；

3. 行阴销灭，前七识尽，生灭也尽，见闻觉知六根无隔，与众生同一觉知，入识阴区宇，此时，唯有第八识（根元），能执和所执最后一重根本割裂；

4. 初入识阴区宇：深达命由，诸类不召，于涅槃天，将大明悟；

5. 识阴区宇尽时：六根自在互用，内外明彻，琉璃含月，入妙觉海；

6. 识阴尽时：超越命浊；

7. 识阴区宇重点抉择最根本的二元对立性，以达成现量内证不二性、无自性性。

"阿难！彼善男子，修三摩提，行阴尽者，诸世间性，幽清扰动，同分生机，倏然隳裂，沉细纲纽，补特伽罗酬业深脉，感应悬绝，于涅槃天，将大明悟，如鸡后鸣，瞻顾东方，已有精色，六根虚静，无复驰逸，内外湛明，入无所入，深达十方十二种类受命元

① 对识阴十魔的解读主要参考《大佛顶首楞严经义贯》，下同，不再另行标注。

由，观由执元，诸类不召，于十方界已获其同，精色不沉，发现幽秘，此则名为识阴区宇；若于群召已获同中，销磨六门，合开成就，见闻通邻，互用清净，十方世界及与身心，如吠琉璃，内外明彻，名识阴尽，是人则能，超越命浊。观其所由，罔象虚无，颠倒妄想以为其本。

一、识阴一魔：立所得心，成所归果

［注］

1. 因，指能依之心：第八阿赖耶识。

2. 所因，指所依之境：前七转识。

3. 因、所因执：执第八识为"能"，执前七转识为"所"。

4. 前七识灭尽后，修证到唯有第八识最后一重根本割裂时，若立所证之第八识心为究竟涅槃之处，则堕入黄发外道之类的冥谛邪见，也就是立"能"为"所"，以能缘的第八识心为所证的究竟涅槃果。

5. 隐含的能所二元对立：

1）能：见分，阿赖耶（无我能动性）；

2）所：相分，第八阿赖耶识（根本割裂，如第二月），以为究竟涅槃果。

6. 魔伴侣：修证冥谛的黄发外道。

"阿难当知，是善男子穷诸行空，于识还元，已灭生灭，而于寂灭精妙未圆，能令己身，根隔合开，亦与十方诸类通觉，觉知通溜，能入圆元；若于所归，立真常因，生胜解者，是人则堕'因、所因[①]

① 因，指"能依"；所因，指"所依"。

执’，娑毗迦罗所归冥谛，成其伴侣，迷佛菩提，亡失知见，是名第一立所得心，成所归果，违远圆通，背涅槃城，生外道种。

二、识阴二魔：立能为心，成能事果

[注]

1. 能：我能生一切众生。

2. 非能：众生不能生我。

3. 能、非能执：执著于我能生一切众生，而众生不能够生我。

4. 前七识灭尽后，修证到唯有第八识最后一重根本割裂时，现量观见一切世界众生皆从我之第八识心流出，此时，若以为已经证得究竟涅槃之果，以第八识心为能生，创造一切世界和众生，则堕入大自在天之类的邪见，也就是“我之识心”和大自在天一样，是众生、世界的创造者。

5. 隐含的能所二元对立：

1）能生：我之第八阿赖耶识，以之为究竟涅槃果；

2）所生：一切众生、世界。

6. 魔伴侣：色界之主大自在天。

“阿难！又善男子，穷诸行空，已灭生灭，而于寂灭精妙未圆，若于所归览为自体，尽虚空界十二类内所有众生，皆我身中一类流出，生胜解者，是人则堕“能、非能执”，摩醯首罗[①]现无边身成其伴侣，迷佛菩提，亡失知见，是名第二立能为心，成能事果，违远圆通，背涅槃城，生大慢天，我遍圆种。

---

① 摩醯首罗，又叫大自在天，是色界四禅之最顶天，也叫大慢天，是色界之主，也是三界之主。

三、识阴三魔：立因依心，成妄计果

[注]

1. 常：第八阿赖耶识。

2. 非常：自我、世界、众生。

3. 常、非常执：执著于所证之第八识为真常，我、世界、众生为无常。

4. 前七识灭尽后，修证到唯有第八识最后一重根本割裂时，现量观见一切世界众生皆从第八识心流出，此时，若立识元第八识为根本生因、究竟归依之处，并以此推断第八识为不生不灭的真常，世界、众生是有生有灭的无常，这样就堕入一半常、一半无常的邪见，就会误以为大自在天之类就是不生不灭的真常，是究竟涅槃之果。

5. 隐含的能所二元对立：

1）能生：第八阿赖耶识，为真常，以之为究竟涅槃果；

2）所生：自我身心、一切众生、世界，为无常。

6. 魔伴侣：欲界主他化自在天。

"又善男子，穷诸行空，已灭生灭，而于寂灭精妙未圆，若于所归有所归依，自疑身心从彼流出，十方虚空咸其生起，即于都起所宣流地，作真常身、无生灭解，在生灭中早计常住，既惑不生，亦迷生灭，安住沉迷生胜解者，是人则堕"常、非常执"，计自在天[1]，成其伴侣，迷佛菩提，亡失知见，是名第三立因依心，成妄计果，违远圆通，背涅槃城，生倒圆种。

① 以自在天为究竟涅槃果。

四、识阴四魔：计圆知心，成虚谬果

［注］

1. 知无知执：能够觉知一切无情之无知，并以无知为有知，无知与有知不分；

2. 前七识灭尽后，修证到唯有第八识最后一重根本割裂时，现量观见第八阿赖耶识之了知，普遍圆满于一切有情、无情，也就是一切有情、无情同在一心中显现，所以就认为，无情和有情没有差别，同样具有自性独立的阿赖耶识，也可以基于此自性独立的阿赖耶识而参与六道轮回，或者成就佛果。以无情之"无知"为"有知"，是为颠倒，故称为"倒知种"。

3. 魔伴侣：婆咤、霰尼。

"又善男子，穷诸行空，已灭生灭，而于寂灭精妙未圆，若于所知，知遍圆故，因知立解，十方草木皆称有情，与人无异，草木为人，人死还成十方草树，无择遍知，生胜解者，是人则堕"知、无知执"，婆咤、霰尼[①]，执一切觉，成其伴侣，迷佛菩提，亡失知见，是名第四计圆知心，成虚谬果，违远圆通，背涅槃城，生倒知种。

五、识阴五魔：迷心从物，求妄冀果

［注］

1. 生、无生执：执著于能生一切的地、水、火、风之四大，其自体是无生的，不生不灭。

---

① 婆咤、霰尼，二外道名。婆咤，意译"避去"，幼为牧童时与毗舍离王子同游戏，王子戏将其身为榻而肯睡其上，童归诉其母，母云："毗舍离将来为王，故不可与之争，应离去。"霰尼，意译"有军"，名字来源不详，大概是有军人的气概的意思。

2. 前七识灭尽后，修证到唯有第八识最后一重根本割裂时，六根虽不能互用自在，但已能随顺自在，此时，现量观见一切法皆由地、火、水、风之四大造作生起，或观见一切法由火大之光明性成就，或观见一切法由风大之周流性成就等，于是，就认为四大之自体为常住不生不灭之无生的究竟涅槃果，是为“能生”之本因，而四大所生的一切法为无常，是有生有灭的轮回，是为“所生”。

3. 隐含的能所二元对立：

1）能生：地火水风四大，为真常，为能生，以之为究竟涅槃果；

2）所生：一切众生、世界，为无常，为所生。

4. 魔伴侣：事火外道等崇拜地、水、火、风之外道。

5. 识阴五魔和行阴二魔“四遍常论”之“四大本常”的区别：

1）行阴二魔：

邪见重点是四大本来有，非有因生，并于行阴区宇中，只观见四万劫生灭循环而做的推理，推理的成分比较大，现量少。

2）识阴五魔：

共同点：都是认为四大本有，是恒常不灭；

不同点：识阴五魔邪见重点不在“四大非有因生”，而是“四大是一切法的能生本因”，是“究竟涅槃终极之果”，并且修证所做观照的时间没有四万劫的限制，推理的成分少，现量多。

“又善男子，穷诸行空，已灭生灭，而于寂灭精妙未圆，若于圆融根互用中已得随顺，便于圆化一切发生，求火光明、乐水清净、爱风周流、观尘成就，各各崇事，以此群尘，（作为）[①]发作本因，立常住

① 作为，此二字是为理解方便而添加，非原经文字。

解，是人则堕‘生、无生执’[①]，诸迦叶波并婆罗门，勤心役身事火崇水求出生死，成其伴侣，迷佛菩提，亡失知见，是名第五计着崇事迷心从物，立妄求因，求妄冀果，违远圆通，背涅槃城，生颠化种。

六、识阴六魔：圆虚无心，成空亡果

［注］

1. 归无归执：执著归于无所归处，以空灭有，永归于空，顽空境为究竟归依处；

2. 前七识灭尽后，修证到唯有第八识最后一重根本割裂时，观见到识阴之湛明虚无之相，以此虚无为究竟涅槃处，故以空灭有，毁灭一切众生和世界，以期证得一切空无的顽空境界，以此邪见，生无想天，或无色界四空天，与诸虚空神为伴侣；

3. 魔伴侣：无想天、无色界四空天、诸虚空神等。

“又善男子，穷诸行空，已灭生灭，而于寂灭精妙未圆，若于圆明，计明中虚，非[②]灭群化，以永灭依，为所归依，生胜解者，是人则堕“归无归执”，无想天中诸舜若多[③]，成其伴侣，迷佛菩提亡失知见，是名第六圆虚无心，成空亡果，违远圆通，背涅槃城，生断灭种。

---

① 生、无生执，生，指有生灭的无常法，此处是指四大所生的一切法；无生，指无生灭的常住法，此处是指四大；执，指执著，也叫邪见。

② 非：义同“毁”。

③ 诸舜若多，诸位虚空天人（神），包括色界四禅无想天人和无色界之四空天（空无边、识无边、无所有、非想非非想）（参考《正脉疏》和成观法师《楞严义贯》）。

七、识阴七魔：立固妄因，趣长劳果

[注]

1. 贪非贪执：以其所贪之长生不死，实非可贪，实非可得；

2. 前七识灭尽后，修证到唯有第八识最后一重根本割裂时，观见识阴湛明之相，以为圆满常住不灭，又见识阴能持身令身不坏，因而欲通过修行坚固其身，以期长生不死，就像阿斯陀等长寿仙人一样；

3. 魔伴侣：诸阿斯陀求长寿者。

"又善男子，穷诸行空，已灭生灭，而于寂灭精妙未圆，若于圆常，固身常住，同于精圆，长不倾逝，生胜解者，是人则堕"贪非贪执"，诸阿斯陀[1]求长命者，成其伴侣，迷佛菩提，亡失知见，是名第七执着命元，立固妄因趣长劳果，违远圆通，背涅槃城，生妄延种。

八、识阴八魔：发邪思因，立炽尘果

[注]

1. 真、无真执：以虚妄之业识命元为真常，而实非真常。

2. 前七识灭尽后，修证到唯有第八识最后一重根本割裂时，识阴圆明，现量观见自命与众生命是一体互通，众生命即是我命之依托，众生命若存，则我命存，众生命灭，则我命灭；但又观见众生命生灭无常，恐其销尽，自命无依，所以，自坐莲花宫，广化七珍宝物、美女，肆意放纵众生于五欲之乐时，就认为是自己在受最殊胜之欲乐；如果执著于此邪见，则堕入真无真执，成为和欲界他化自在天

① 阿斯陀，即"长寿仙人"，中印度迦毗罗卫国之仙人，具足五神通，常自在出入三十三天集会之所。释尊降诞时，此仙为之占相，并预言其将成佛。又自顾已老，知不及待太子成道，受其教化，而悲叹号泣，后令侍者那罗陀出家，以待太子成道。

一样的伴侣。

3. 魔伴侣：欲界他化自在天之类。

4. “识阴八魔”和“识阴三魔”的比较：

虽然都和欲界他化自在天有联系，却有本质的不同：

1）真常可以生出无常：

“识阴三魔”执著能生之识阴为真常，我命自识阴生出，故修行追求如欲界主他化自在天的境界，以为他化自在天就是真常果，与众生和世界关系不大；

2）无常可以生出真常：

“识阴八魔”执著众生之无常是我命之根本依托，我命依众生命而得常住，故修行追求像欲界主他化自在天一样，可以变化众生自在，为所欲为，这样，我命可以常住不灭，并以此为证得究竟涅槃果，和众生、世界息息相关。

“又善男子，穷诸行空，已灭生灭，而于寂灭精妙未圆，观命互通，欲留尘劳，恐其销尽，便于此际坐莲华宫，广化七珍，多增宝媛，纵恣其心，生胜解者，是人则堕“真、无真执”，吒枳迦罗[①]，成其伴侣，迷佛菩提，亡失知见，是名第八发邪思因，立炽尘果，违远圆通，背涅槃城，生天魔种。

九、识阴九魔：圆精应心，成趣寂果

［注］

1. 前七识灭尽后，修证到唯有第八识最后一重根本割裂时，如

---

① 吒枳迦罗：吒枳，意为“爱染”；迦罗，意为“能作”“所作”。合起来就是爱染能生一切法，是天魔外道的异名。根据《正脉疏》，此外是指欲界顶“他化自在天”之类。

果对各类命元之根由，都能够了达明白，乃至能正确抉择凡、圣差别，外道真伪，分段生死和变易生死之精粗，现量观见世间一切皆是因因果果，果果因因，故依苦集灭道之四谛修行，得出三界轮回，误以为是究竟涅槃，故居灭不前，成为定性声闻钝阿罗汉，四禅天之无闻比丘，以及诸增上慢者。

2. 隐含的能所二元对立：

1）根本能所二元：能灭心、断灭境；

2）次生能所二元：三界世间轮回、出世间非轮回。

3. 魔伴侣：定性声闻、无闻僧等增上慢者。

"又善男子，穷诸行空，已灭生灭，而于寂灭精妙未圆，于命明中，分别精、粗[①]，疏决真、伪[②]，因果相酬，唯求感应，背清净道，所谓见苦、断集、证灭、修道，居灭已休，更不前进，生胜解者，是人则堕定性声闻，诸无闻僧增上慢者，成其伴侣，迷佛菩提，亡失知见，是名第九圆精应心，成趣寂果，违远圆通，背涅槃城，生缠空种。

十、识阴十魔：圆觉吻心，成湛明果

［注］

1. 前七识灭尽后，修证到唯有第八识最后一重根本割裂时，如果于六根虚静圆融，互相为用，清净妙明心中，正确照见众生各自受命的元由，又发心研究观照更深的十二因缘之妙理，于所观见之因缘无生空寂性中，误以为是究竟涅槃，从而停止不前，堕入定性缘觉、独觉，与诸"不回小向大"之小乘行者为伴侣。

---

① 精，指圣位的"变易生死"。粗，指凡夫的"分段生死"。
② 真，指"内道"。伪，指"外道"。

2. 隐含的能所二元对立：能觉心、所觉理。

3. 魔伴侣：定性缘觉、独觉。

“又善男子，穷诸行空，已灭生灭，而于寂灭精妙未圆，若于圆融、清净觉明[①]，发研深妙，即立涅槃，而不前进，生胜解者，是人则堕定性辟支，诸缘、独伦，不回心者，成其伴侣，迷佛菩提，亡失知见，是名第十圆觉吻心，成湛明果，违远圆通，背涅槃城，生觉圆明不化圆种。

“阿难！如是十种禅那，中途成狂因依，或未足中生满足证，皆是识阴，用心交互，故生斯位，众生顽迷，不自忖量，逢此现前，各以所爱先习迷心而自休息，将为毕竟所归宁地，自言满足无上菩提，大妄语成外道邪魔，所感业终，堕无间狱，声闻、缘觉不成增进。

“汝等存心秉如来道，将此法门于我灭后传示末世，普令众生觉了斯义，无令见魔自作沉孽，保绥哀救，消息邪缘，令其身心入佛知见，从始成就不遭岐路，如是法门，先过去世恒沙劫中微尘如来，乘此心开，得无上道。

第七节　总结：五阴若尽，圆通成就

［注］

两种修证之路：

1. 圆解渐修：

如果先开圆解，再次第销解五阴，走圆解渐修之路，如观世音

① 销六入一为“圆融”，破有归空为“清净”，了见各类命元为“觉明”（参考《正脉疏》）。

菩萨。这种情况下,在五阴依次销解时,即已经次第取证十信、十住、十行等位;待识阴尽时,已经等觉圆明,入于如来妙庄严海。

2. 渐修渐解:

如果未开圆解,依经中所言,次第销解五阴,则是走渐修渐解之路。这种情况下,鉴于修证见地限制,识阴未尽之前,无法大开圆解,修证之路也比较慢;但是,一旦识阴尽后,见地圆明,同于如来,又没有五阴障碍,修证之路瞬间加速,可以顿超十地,等觉圆明,直接入于如来妙庄严海,圆满菩提,不用再依次经历十信、十住、十行等位。

"识阴若尽,则汝现前诸根互用,从互用中,能(直接)[①]入菩萨金刚干慧[②],圆明精心于中发化,如净琉璃,内含宝月,如是乃超十信、十住、十行、十回向、四加行心、菩萨所行金刚十地、等觉圆明,入于如来妙庄严海,圆满菩提,归无所得。

第八节　再嘱防魔利器:楞严神咒

"此是过去先佛世尊,奢摩他中毗婆舍那,觉明分析微细魔事。魔境现前,汝能谙识,心垢洗除不落邪见,阴魔销灭天魔摧碎,大力鬼神褫魄逃逝,魑魅魍魉无复出生,直至菩提无诸少乏下劣增进,于大涅槃心不迷闷。若诸末世愚钝众生,未识禅那不知说法,乐修三昧,汝恐同邪,一心劝令,持我佛顶陀罗尼咒。若未能诵,写于禅堂,或带身上,一切诸魔所不能动。汝当恭钦十方如来,究竟修进,

① "直接"为方便理解添加,非原经文字。
② 金刚心干慧地,等觉后心。

最后垂范。”

第九节　五阴边界和销解次第

阿难即从座起，闻佛示诲顶礼钦奉忆持无失，于大众中重复白佛：“如佛所言，五阴相中五种虚妄为本想心，我等平常未蒙如来微细开示，又此五阴为并销除？为次第尽？如是五重，诣何为界？惟愿如来发宣大慈，为此大众清明心目，以为末世一切众生作将来眼。”

一、五阴本因：颠倒妄想

佛告阿难：“精真妙明，本觉圆净，非留死生，及诸尘垢，乃至虚空，皆因妄想之所生起，斯元本觉妙明真精，妄以发生诸器世间，如演若多迷头认影。妄元无因，于妄想中立因缘性，迷因缘者称为自然；彼虚空性犹实幻生，因缘、自然，皆是众生妄心计度。阿难！知妄所起，说妄因缘；若妄元无，说妄因缘元无所有。何况不知，推自然者。是故如来与汝发明五阴本因同是妄想。

二、色阴：坚固第一妄想

“汝体先因父母想生，汝心非想则不能来想中传命，如我先言，心想醋味口中涎生，心想登高足心酸起，悬崖不有，醋物未来，汝体必非虚妄通伦，口水如何因谈醋出？是故当知，汝现色身，名为坚固第一妄想；

三、受阴：虚明第二妄想

“即此所说临高想心，能令汝形真受酸涩，由因受生，能动色体，汝今现前顺益、违损，二现驱驰，名为虚明第二妄想；

四、想阴：融通第三妄想

“由汝念虑使汝色身，身非念伦，汝身何因随念所使种种取像？心生形取与念相应，寤即想心，寐为诸梦，则汝想念摇动妄情，名为融通第三妄想。

五、行阴：幽隐第四妄想

“化理不住，运运密移，甲长发生，气销容皱，日夜相代，曾无觉悟。阿难！此若非汝，云何体迁？如必是真，汝何无觉？则汝诸行念念不停，名为幽隐第四妄想；

六、识阴：第五颠倒细微精想

“又汝精明湛不摇处名恒常者，于身不出见闻觉知，若实精真不容习妄，何因汝等曾于昔年睹一奇物，经历年岁忆忘俱无，于后忽然覆睹前异，记忆宛然曾不遗失，则此精了湛不摇中，念念受熏有何筹算？阿难当知！此湛非真，如急流水望如恬静，流急不见非是无流，若非想元宁受想习？非汝六根互用合开，此之妄想无时得灭？故汝现在见闻觉知中串习几，则湛了内罔象虚无，第五颠倒细微精想。

七、五阴边界：二元相待

［注］

1. 色阴边界：色、空；
2. 受阴边界：触、离；
3. 想阴边界：记、忘；
4. 行阴边界：生、灭；

5. 识阴边界：湛入、合湛。

“阿难！是五受阴，五妄想成，汝今欲知，因界浅深，唯色与空是色边际；唯触及离是受边际；唯记与忘是想边际；唯灭与生是行边际；湛入、合湛，归识边际。

八、五阴销解次第：理则顿悟，事必渐销

［注］

1. 五阴生起特点：重叠而起，相互交叉而生，犹如交芦；

2. 五阴生起次第：生因识有，识、行、想、受、色次第而起；

3. 五阴销解次第：灭从色除，因次第尽，先从色阴开始，依次而解，犹如解巾；

4. 理则顿悟，乘悟并销：解圆万惑除，见正群邪灭，犹如窟中灯，明破千年暗；

5. 事非顿除，因次第尽：恶习累劫积，圆解渐除习，如日化雪山，融冰非一日。

“此五阴元，重叠生起，生因识有，灭从色除，理则顿悟，乘悟并销，事非顿除，因次第尽。我已示汝劫波巾结，何所不明再此询问？汝应将此妄想根元，心得开通，传示将来末法之中诸修行者，令识虚妄，深厌自生，知有涅槃，不恋三界。

【经益分——流通分】

第三章　流通分：楞严经、咒的功德

“阿难！若复有人遍满十方，所有虚空盈满七宝，持以奉上微尘诸佛，承事供养心无虚度。于意云何，是人以此施佛因缘，得福多不?”

阿难答言：“虚空无尽、珍宝无边，昔有众生施佛七钱，舍身犹获转轮王位，况复现前虚空既穷，佛土充遍皆施珍宝，穷劫思议尚不能及，是福云何更有边际?”

佛告阿难：“诸佛如来语无虚妄。若复有人身具四重、十波罗夷，瞬息即经此方他方阿鼻地狱乃至穷尽，十方无间靡不经历，能以一念将此法门，于末劫中开示未学，是人罪障应念销灭，变其所受地狱苦因成安乐国，得福超越前之施人百倍、千倍、千万亿倍，如是乃至算数譬喻所不能及。阿难！若有众生，能诵此经，能持此咒，如我广说，穷劫不尽，依我教言，如教行道，直成菩提，无复魔业。”

佛说此经已，比丘、比丘尼、优婆塞、优婆夷，一切世间天人、阿修罗，及诸他方菩萨、二乘、圣仙童子，并初发心大力鬼神，皆大欢喜，作礼而去。

附录：耳根圆通法门修习进程总表[①]

阶段	第一阶段（前加行和助缘）		第二阶段（正式修习）						第三阶段 寂灭境界
分科	初发心	闻思修	脱动尘	脱动静	脱闻根	脱觉观	脱重空	俱空不生	寂灭境界
效果	入菩萨位	入三摩地	动相灭	静相灭	耳根清静	有法灭	空法灭	六根清静	六解一亡
六结	—	—	动结	静结	根结	觉结	空结	灭结	六根互用
修法	声尘修法		耳根修法			意根修法			任运
转身	第一个转身（声尘修转耳根修）		第二个转身（耳根修转意根修）			第三个转身（根本突破：意根脱法尘）			

① 释演觉：《论耳根圆通的修习》，硕士学位论文，闽南佛学院，2014 年。

参考文献

一、电子佛典

《楞严经》正文内容出自 CBETA 电子佛典 2014 年版。

《大正藏》与《卍新纂续藏经》的数据引用出自 CBETA 电子佛典 2014 年版。

“楞严咒”的内容出自 CBETA 电子佛典 2016 年版。

凡属于“祖师论疏”部分的脚注内容均出自 CBETA 电子佛典 2016 年版。

二、佛经原典

《大佛顶如来密因修证了义诸菩萨万行首楞严经》，般剌蜜帝译（《大正藏》册十九）。

《大方广佛华严经》，东晋天竺三藏佛驮跋陀罗译（《大正藏》册九）。

《解深密经》，大唐三藏法师玄奘译（《大正藏》册十六）。

《菩萨璎珞本业经》，姚秦凉州沙门竺佛念译（《大正藏》册二十四）。

《大乘入楞伽经》，实叉难陀译（《大正藏》册十六）。

《摩诃般若波罗蜜经》，鸠摩罗什译（《大正藏》册八）。

《大方广圆觉修多罗了义经》，佛陀多罗译（《大正藏》册十七）。

三、祖师论疏

《楞严经正脉疏》，交光真鉴述（《卍新纂续藏经》册十二）。

《楞严经指掌疏》，达天通理敬述（《卍新纂续藏经》册十六）。

《楞严经疏解蒙钞》，海印弟子蒙叟钱谦益钞（《卍新纂续藏经》册十三）。

《首楞严义疏注经》，长水沙门子璇集（《大正藏》册三十九）。

《楞严经通议》，德清述（《卍新纂续藏经》册十二）。

四、近现代书籍

释宣化：《大佛顶首楞严经浅释》，1987 年，中国台北：法界佛教总会法界佛教大学。

释圆瑛：《大佛顶首楞严经讲义》，2009 年，中国台北：财团法人佛陀教育基金会。

释成观：《大佛顶首楞严经义贯》，2012 年，苏州：弘化社承印。

赵跃辰：《观待与割裂》，2013 年，长沙：湖南人民出版社。

赵跃辰：《契入空性引导之关键》，2006 年，《法音》6 期。

释演觉：《论耳根圆通的修习》，2014 年，硕士学位论文，闽南佛学院。

释白圣：《楞严经表解》，2005 年，福建莆田广化寺出版。